金钱何以改变世界

THE HISTORY OF MONEY

财富进阶之道

[韩] 洪椿旭 著

姜明勋 译

中国出版集团
东方出版中心

图书在版编目（CIP）数据

金钱何以改变世界：财富进阶之道 / (韩) 洪椿旭
著; 姜明勋译. 一上海: 东方出版中心, 2023.9
ISBN 978-7-5473-2224-6

Ⅰ.①金… Ⅱ.①洪… ②姜… Ⅲ.①投资－通俗读
物 Ⅳ.①F830.59-49

中国国家版本馆CIP数据核字（2023）第110571号

上海市版权局著作权合同登记：图字09-2023-0600号

金钱何以改变世界：财富进阶之道

著　　者　洪椿旭
译　　者　姜明勋
责任编辑　费多芬
装帧设计　小　九

出版发行　东方出版中心有限公司
地　　址　上海市仙霞路345号
邮政编码　200336
电　　话　021-62417400
印 刷 者　上海颛辉印刷厂有限公司

开　　本　890mm×1240mm　1/32
印　　张　6
字　　数　92千字
版　　次　2023年9月第1版
印　　次　2023年9月第1次印刷
定　　价　56.00元

零利率时代，
不投资就无法生存

序言

　　2020 年 3 月，新冠肺炎疫情暴发后的超低利率时代导致资本市场出现巨大的变化。据韩国资本市场研究院（KCMI）公布的最新资料来看，在 2020 年，韩国个人投资者的股票交易总额高达 8 644 兆韩元，相当于韩国 GDP（国内生产总值）的四倍多。交易股票的账户（活跃账户）也在一年中增加了 612 万户，达到了 4 007 万户。但这些新股民的收益率似乎并不理想。经过分析后发现，2020 年新入市的投资者平均业绩为亏损。

　　确切地说，从 2020 年 3 月末到 2020 年 10 月末，他们的平均收益率为 5.8%，但在扣除交易手续费和税费后，其最终收益率为 −1.2%。考虑到同期韩国综合股价指数（KOSPI）的涨幅为 30%，这一结果令人震惊。

　　为什么会出现这种结果？可能有许多原因，比如新人投资者还没有确定投资原则就匆忙投资，或者交易过于频繁。在牛市里，要么坚守长线投资，要么专注于上升趋势最强劲的龙头股，过于频繁的交易，很难实施这种战略，心急吃不了热豆腐。

有趣的是, 2020 年的这种情况并非第一次出现。2000 年, 互联网泡沫达到顶峰时, 也出现过这种情况。当时股票市场的人气急剧上升, 吸引了大量资本入市, 不幸的是, 个人投资者的投资成绩相当差。据韩国明知大学管理系教授卞英勋 (音译) 于 21 世纪初对韩国股市的分析, 换手率越高, 投资收益越差。值得一提的是, 市场中交易最频繁的投资者的平均年收益率为 -15.36%。

这些以往的经验表明, 钱的历史总是会重演。虽然引发历史性投资热潮的因素各有不同, 但市场上的投资模式却如出一辙。总体来说, 想要扩大投资成果, 在低利率的环境中进一步开拓未来, 需要未雨绸缪。

那么, 为了应对动荡不定的未来, 我们该怎么做? 首先, 投资者需要具备金融相关的基本知识。需要了解利率降低意味着什么, 经济状况为什么会不断地循环, 以及股市为什么会大幅波动。学习了这些知识, 或许可以成为有耐心的投资者, 进而找到成功率较高的投资方法。

有读者对成功率高的投资战略感兴趣, 为此, 我简要介绍了利用汇率差的投资策略。在经济陷入困境, 资产市场出现动荡时, 投资者可以以较低的价格购买这些资产, 实现外汇收益。当然, 投资者需要一些背景知识, 将其付诸行动, 包括了解汇率的基本概念, 有能力判断低价买入的时机。

在低利率日趋固定的时代，个人投资者想要实现成功的投资，从而获得资产，需要了解的内容是什么？本书以此为焦点，划分为如下内容。

首先，在第一章，我解释了为什么需要学习关于金融的知识，并讲述了投资者想要获得经济自由需要多少钱，以及为什么在低利息时代很难积累资产等问题。

在第二章，我重点为20至30岁的人群，制订了"投资计划"。在难以积攒第一桶金的低利率时代，投资者该如何安全地攒钱，如何稳健地增加收益？本章不仅涉及掌握房地产市场趋势的方法，还详细地介绍了相关信息。因此，如果您是刚对房地产投资感兴趣的新手投资者，最好先阅读第二章。

在第三章，我分析了韩国股市产生剧烈波动的原因。在描述"韩国股市的特点"时，我详细地解释了2020年3月的韩国股价暴跌和此后迅速暴涨的原因。有了这一背景知识，对股票感兴趣的投资者，可以更有效地实施资产分配战略。

在第四章，我探讨了韩国经济的未来。我在与大众读者和观众的交流中明显地感觉到很多人以悲观的视角看待韩国经济，猜测它是否正走在"长期衰退"的下坡路上。但实际上，韩国的未来并没有那么黑暗，而且如果投资者对未来的预期过于悲观，将在面对良好的投资机遇时，会望而却步。韩国经济有很大的波动性，因此也有很多的投资机会。在第四章，我以韩国的经济结构为中心，解释了为何会有这种观点。我认为人口的减少不一定会导致资产市场的衰退，因此建议读者在设计投资方案时，参考这一点。

第五章则重点介绍了金融市场何时会动摇以及房地产价格会在何时暴跌等问题。在第六章，我介绍了如何在股市崩盘时选择合适的股票进行投资。第七章阐述了股市中的两大投资理念："趋势派"以及"价值派"的投资哲学。针对想了解哪种投资方式适合自己的读者，我详细说明了这两个投资理念的特点和差异，供读者参考，当然，还需要读者综合考量，以确立自己的投资原则。

在第八章，我总结了过去28年的投资经验。在这个章节，我坦率地讲述了自己在20多岁时，盲目投资股票，遭受巨大的损失，在结婚后，成功购置房产的故事，以及在40多岁时曾梦想成为"FIRE"（财务自由后提前退休）族的故事。希望我的理财失败经历和后续的成功故事对读者会有所帮助。

为了帮助您更好地理解本书的内容，我在每章末尾都将相关知识和信息纳入了称为"金钱趣谈"的内容中。因此，在正文部分我将尽可能详细地逐案解释，然后在金钱趣谈中加入相关的理论、背景知识以及表格和图表。希望这些信息能帮助读者最大限度地减少投资失误，并帮助读者建立更好的投资习惯。

最后，我要感谢心爱的妻子阅读初稿并给出详细的反馈意见；要感谢给全家带来正能量的小儿子优震、大儿子彩勋，他们坦率地与我谈论了这本书的写作方向；要感谢母亲，她一直在为儿子的未来祈祷；还要感谢两个妹妹提供的最真诚的建议。

2021 年 5 月

洪椿旭

目　录

第二章
全民投资时代该如何做好投资

Part 2

（金钱趣谈）

第四章
衰退时期的最佳生存方式

(金 钱 趣 谈)

第五章
提前掌握经济危机的信号

Part 5

金钱趣谈

第六章
掌握买入稳健收益资产的时机

Part 6

●────

（金钱趣谈）

第七章
趋势投资和价值投资，该如何选择？

金 钱 趣 谈

第八章
洪老师的理财奋斗史

（金钱 趣谈）

The History of Money

第一章

想赚钱　先学习

安分守己却
"一夜暴'负'"的人们

2020 年，韩国最为脍炙人口的网络热词是什么？热词虽然有很多，但最令我印象深刻的是"一夜暴'负'"。所谓的"一夜暴'负'"是指那些不理财的人，一直只持有现金，但突然有一天发现自己变穷了。它形容的是收入或资产与以往相比没有太大的差别，却感觉自己陷入相对贫困的现象。韩国社会重视他人评价，如果与他人的资产差距过大，必然要承受压力。尤其是在当下汹涌的投资浪潮中，如果不参与投资，会有可能"一夜暴'负'"，被剥夺感也会越发强烈。

我也多次地体会过这种心情，最先想起来的是我在一位证券界大佬的乔迁宴上的经历。2005 年左右，这位大佬入住的位于首尔江南区的豪宅可谓金碧辉煌。这套房子的面积大到什么程度，当客人去一趟卫生间回来后，可能会找不到客厅。我虽然长期在证券行业工作，见过许多富豪，但这是第一次遇到像大佬那样的富人。这个经历让我感触很深。我不仅下定决心要成为富豪，还对房地产行业产生了兴趣。可是当我得知那套房子的市场价之后，陷入了深深的绝望。

那"一夜暴'负'"的现象，为什么在近期突然出现？原因虽然有很多，但最直接的就是"超低利率"现象。2020 年春天，面对新冠肺炎疫情的巨大冲击，韩国银行将基准利率下调到了 0.5%，紧接着众多商业银行也将储蓄利率下调到了 1% 以下。这会导致什么结果？首先会导致房地产价格上涨。

假设有套房产的交易价是 10 亿韩元。房产的拥有者放弃了每年约 1.3 亿韩元的利息收入。因为，如果将用于购买公寓的 10 亿韩元存入银行或购买高信用级别公司债券的话，他每年可获得 1.3 亿韩元或更多的利息。在经济学上，这是"机会成本"。因为放弃了将钱存入银行获得利息收入的机会，他选择拥有价值 10 亿韩元的房产。因此，在利率较高的 90 年代中期，买入首尔住宅意味着花费了很高的机会成本。但当利率下降时，就会出现相反现象。

再说一下 1997 年外汇危机之前的事情，当时房价最高的住宅区之一狎鸥亭现代住宅（264 平型标准）的平均成交价为 15 亿—16 亿韩元。但当 1997 年市场利率上升到 25% 后，平均成交价跌破了 10 亿韩元。经济情况急剧下滑后，为了应对危机，很多人选择卖出房产以回笼资金。当然，还有不少人认为与其拥有住宅，不如将现金存入银行享受稳定的高利息。房地产市场中，待出售的房产越来越多，但没有人愿意接盘，因此，房价只能一路下降。

利率和房地产价格呈负相关。最近房地产价格的暴涨趋势不仅是因为供给不足，市场利率的下降也产生了决定性影响。1995年，韩国的市场利率为13%，现在下降到了1%以下。为了方便计算，我们假设存款只能得到政策利率为0.5%的利息，那么目前拥有价值10亿韩元住宅所需的机会成本为500万韩元。也就是说，拥有住宅带来的机会成本比以前下降了很多，购买住宅的魅力也提高了。

首尔郊区一栋两居室的别墅式住宅的月租金为100万到120万韩元，因此，拥有价值10亿韩元住宅的年均机会成本非常低。

数年前，我曾规划退休后的生活，当时就有过当"房东"的想法。在2016—2018年间，我曾认真去看过仁川和京畿道地区的房产。当时两居室的别墅式住宅的月租金为50万—80万韩元。当市场利率下降时，现有的住月租或半全租的人群如果有余力的话，应考虑购买房产，因为那是更合适的选择。

当然，如果住宅购买量增加，房地产价格上涨的可能性会更高。也就是说，利率上升时，购买住宅的机会成本会上升，购买势头会减弱；相反，利率下降时，购买住宅的势头会增强。

选择投资股票的理由

The History
of Money

　　前面我们谈到了住房市场，当利率突然下降时，最大的受害者是那些把钱留在储蓄账户中的人。我们以一位 55 岁的户主 A 先生为例说明。

　　A 先生以自己的名义拥有一所房屋，目前有 5 亿韩元的存款可用于退休后生活，这笔存款是他积攒的退休金。在 20 世纪 90 年代中期，韩国家庭的平均净资产约为 3.6 亿韩元，5 亿韩元的存款可以说是非常庞大的资金了。但现在这笔钱的数目感觉并不那么大。因为，2020 年，5 亿韩元的年利息收入约为 250 万韩元。在当时，拥有 5 亿韩元存款的人每年的利息收入可达到 6 500 万韩元，在 2008 年，年利息收入也可达到 3 500 万韩元，因此，A 先生突然变得"贫穷"了。考虑到 100 平公寓的每月管理费用约为 30 万韩元，A 先生将体会到什么叫"一夜暴'负'"。

　　那么 A 先生接下来该怎么做？从 A 先生的角度来看，大体上有两种选择。第一个选择是重新开始工作。到 2021 年，韩国最低工资为每小时 8 720 韩元（每月 182 万韩元），因 A 先生已拥有一套房产，这一收入水平可以应付日常开销。但是，有一个问题，受新冠肺炎疫情冲击后，就业环境发生巨大改变。由于失业者人数众多，二三十岁的人群也面临着就业难的问题，像A先生这类年纪较大的人想要找到体面的工作更是难上加难。似乎，除了尝试别人不愿做的艰苦工作外别无选择。如果工作不适合自己，而且异常艰苦，A先生很可能会生病，治疗费用可能会比赚的钱要多得多。

在这种情况下，A先生可以考虑的方案是投资。考虑到超低利率的趋势，投资的可选对象为房地产和股票。但似乎有许多退休人员考虑购买多家庭房屋①，而不是投资股票。但购买多家庭房屋有两种风险。第一个是无法按时收取租金的风险。正如笔者刚才所说，在0%的低利率环境中，以贷款方式购房往往比定期支付每月租金更划算。但即使利率超低，仍存在因当前的储蓄资金太少，或者将来的收入前景不明朗等原因而无法购置房产的情况。而处在这种情况的人群很有可能会出现付不起月租的情形。

第二个是折旧风险。不少人觉得折旧概念难以理解，此处我们以汽车为例说明。假设笔者以3 000万韩元的价格购买了一辆索纳塔轿车，如果一年后在二手车市场上尝试卖出，仍可以按2 500万韩元左右的价钱出售。当然，卖出的具体价钱可能跟上述价钱

---

① 一栋多户住宅，可多家庭居住，房地产所有权仅有一个。

有所出入。这表明，这辆索纳塔新车的价值在一年中下降了 500 万韩元，而随着商品的老化而导致价格下降的现象被称为折旧。

需要注意的是折旧没有统一执行的标准。索纳塔等畅销的汽车在二手车市场也很受欢迎，因此，折旧速度相对较慢，但进口汽车一旦过了保修期，折旧速度会因维修成本上升而变快。

多家庭住宅可类比担保期结束的进口汽车。多家庭住宅的折旧率比公寓的折旧率快，如果公寓需要 50 年的时间慢慢折旧，那么多家庭房屋的折旧时间就相对较短，所以购买者最好将重建成本算入规划（当然，如果土地价格上涨，就没有问题）。从 1986 年起，由韩国国民银行编制的多家庭住宅价格指数表可以看出，多家庭住宅的价格弹性相对低于住宅。例如，1986 年至 2020 年，首尔地区多家庭住宅的价格年增长率仅为 2.9%，而首尔地区总体住宅价格平均年增长率为 6.5%。

那为什么多家庭住宅的折旧速度会比其他住宅更快呢？答案很简单。这是因为生活在自己家里的人和生活在他人家里的人态度截然不同。

住在自己家里的人不仅计划长期居住，还考虑到将来能将房屋高价卖出，因此更关心室内装修，也更在乎周围人的评价。

此外，住宅小区有成百上千家庭居住，因此，业主们交的少量管理费可汇聚成一笔大资金用于日常管理。而平日里，多家庭住房的房东必须亲自解决所有的问题，但这些房东通常和 A 先生一样年长，这使得管理很困难。

因此，像 A 先生这样的退休人士和想省钱买房子的年轻人都有可能在当前超低利率环境中进入股市。现在，投资不是一个选项，而成了一个必选项。在没有投资的情况下保障自己的资产不贬值变得越来越困难。

经济自由是
漫长而艰难的道路

　　到底需要拥有多少现金才能不依靠高风险投资，仅凭储蓄利息收入就能悠闲地生活？拥有此等家产的家庭会有多少？为了解答这个疑问，我们首先来看看"家庭金融福利调查"的统计结果。家庭金融福利调查是韩国银行和韩国统计厅、金融监督院以韩国2万个标本家庭为对象，每年进行一次问卷调查的统计。另外，还可以参考韩国统计厅发布的"家庭动向调查"，因为家庭动向调查每年进行四次，可以更客观地观察家庭消费倾向。

　　该调查不同于"家庭金融福利调查"，为了测定消费者物价，"家庭动向调查"重点询问了家庭消费明细，以掌握各家庭消费占收入的比重，以及具体消费结构等。因此，如果想掌握韩国家庭的资产规模，以及他们如何运用资产，最好查阅"家庭金融福利调查"。

　　据《2020年家庭金融福利调查》统计，以2019年年收入为基准，2万标本家庭中收入超过1亿韩元的家庭占总体的15.2%。上班族常说："如果年薪达到1亿韩元，这辈子就没有其他愿望了。"

看来这话一点也不夸张。但是我们的关注点不是收入，而是资产，所以也要看其他资产类型，即"净资产分布"。这里的净资产是指"总资产减去负债"。例如，45 岁户主 B 先生虽然拥有一套价值 10 亿韩元的住宅，但有 3 亿韩元的房地产抵押贷款，所以 B 先生的净资产为 7 亿韩元。

根据该调查，韩国家庭的净资产分布比想象中更加不平等。而且拥有 10 亿韩元以上净资产的家庭只占 7.2%。

问题还不止于此。在韩国家庭的净资产中，房地产等实物资产所占的比重接近 80%。60 岁以上家庭的房地产拥有比重达到 82%。这一比重跟生活水准也没关系。收入排在前 20% 的家庭的房地产比重达到 76%，收入排在后 20% 的家庭的房地产比重也达到 78.4%。假设一个家庭的净资产有 10 亿韩元，扣除房地产的纯粹金融资产只有约 2 亿韩元。

也就是说，以净资产为基准，只有"前 0.1%"的高净值人群才能实现靠存款利息维持生活的愿望。此时，我们不可能准确测定韩国的"前 0.1%"高净值人群拥有多少资产。因为越富有，越不愿意公开自己的资产。为了得到较为准确的数据，有必要查看"税收"统计等其他指标。特别是继承税。目前的储蓄利率为 0.5%，因此想要获得每年 2 500 万韩元的利息收入，必须拥有 50 亿韩元的金融资产。

以每年 2 500 万韩元的收入为基准的原因是，60 岁以上家庭的

年均收入约为 2 700 万韩元。如果再加上社保和拥有资产的阶段性
处置，就可以比同一年龄段的其他家庭更富裕。

那么在韩国继承了 50 亿韩元以上的人会有多少？以 2013 年继
承税为基准，大约有 303 名。考虑到当年死亡的人数为 26 万人，
这意味着只有 0.1% 的极少数富人将 50 亿韩元以上的资产留给了
子女。因此，可以说如果不在这 0.1% 富人行列中，想要实现财务
自由，只能在超低利率时代走上投资之路。当然，该数值是以个
人标准掌握的资产估算的，因此存在局限性。以家庭为基准来看，
据推测可以单靠利息支付家庭支出的家庭不止 0.1%。即便如此，这
种家庭的数量也不会大幅增加。那么韩国社会上流的 1% 阶层拥有
多少资产？需要拥有多少资产才能成为韩国前 1% 的富人？

正如前面所说，"家庭金融福利调查"有几个盲点，为了掌握
正确的资产分布，特别是富裕阶层的资产情况，需要同时观察其
他指标，以了解资产的确切分布情况。

代表性的方法是利用房地产及股票相关的税金缴纳、继承税
和年金数据统计。以韩国户主为基准，净资产进入前 10% 的门槛
为 8.8 亿韩元，前 5% 的门槛为 13.3 亿韩元。当然，这是根据研究
者认为重要的因素进行推算的，所以仅作参考。

综合考虑上述资料，如果想成为前 1% 的户主，最少需要拥有
30.9 亿韩元；如果想成为前 0.5%，则需要拥有 43.9 亿韩元；如果想
成为前 0.1%，则需要 158.1 亿韩元。最近，首尔住宅平均价格超过

了 10 亿韩元，如果在没有债务的情况下拥有一套首尔房产，那净资产至少可以排进前 10% 以内。但是低利率情况真的很可怕，连净资产前 10% 的人群也对退休后的生活没有自信。我最近看了一篇关于二三十岁 Fire 族的新闻报道，所谓的"Fire 族"（这里 FIRE 是 Financial Independence，Retire Early 的缩写，意味着实现财务自由并提前退休）计划筹集 18 亿韩元左右的资金后退休。同时，我还认为我们有必要认真规划如何运用这笔退休金（请参考本书第八章中的第三和第四节内容）。

表 1-1　韩国家庭资产分档标准　　　　　　　（单位：100 万韩元）

	金融资产	年金保险	住房	商业资产	净资产
P10	−57.6	—	3.0	—	13.2
P20	−24.7	4.9	20.0	—	43.6
P30	−9.2	11.2	47.0	—	84.7
P40	−1.0	19.7	75.1	—	136.1
P50	3.6	30.9	112.7	—	198.8
P60	7.5	45.1	159.7	—	273.2
P70	13.9	65.0	216.0	1.6	377.8
P80	32.1	97.3	297.9	60.0	541.3
P90	88.4	157.2	459.1	239.0	875.0
P95	182.4	225.5	657.5	568.0	1 329.1
P99	827.8	431.0	1 350.8	1 750.9	3 092.9

续 表

	金融资产	年金保险	住房	商业资产	净资产
P99.5	1 303.0	533.8	1 620.1	2 519.0	4 388.6
P99.9	7 769.1	778.4	2 504.6	6 002.9	15 807.9

数据来源:김낙년,"우리나라 개인 자산 분포의 추정",경제사학,제 43 권 제 3
호,2019 년

注:P10 是指净资产属于最低档的人群。P99 表示净资产属于前 0.1% 的人群。

如果您想致富，
请马上改变思路

"成为富人会有什么好处？"

"拥有很多钱就会幸福吗？"

我在讲课的时候经常被问到这样的问题。我的大儿子也经常问类似的问题。我对此的回答很明确且直接。

"变富裕后，可以把困难的事情托付给别人，依靠别人。"

这意味着，通过支付合适的费用获得他人的帮助，可以获得其他价值或更高的价值。家务就是一个很好的例子。

无论是结婚人士还是独居人士，家务都是必须做的事情。以我为例，我从 20 岁出头开始独居了十多年，当时最辛苦是打扫卫生和洗衣服。工作日，由于公司工作或聚餐等原因，我每天都回家很晚，只能在周末集中处理家务事。但是周末和熟人又有约会，还要谈恋爱，还要去参加朋友们的婚礼。因此，每周日晚上就成了固定的家务时间。一周的工作本来就很辛苦了，周末还要洗一堆衬衫晾在房间各处，用电风扇吹干，连休息的时间都不能休息，当年辛苦的生活仍历历在目。

另一个困难是教孩子学习。那些教过孩子数学或英语的人会很容易明白我的感受。不论任何事，辅导与自己关系密切的人是非常辛苦的。因为太了解，所以很难客观地看待这一事情。如果孩子解不好数学题，我可能会以亲密为由毫无顾忌地说出问题，因此在教导的过程中，孩子可能会受到伤害。

那么，我们该如何解决这些问题呢？答案很简单。

交给专家就行。如果做家务需要帮助，可以委托家政服务员，洗衣交给洗衣店。相比起亲自教子女数学或英语，通过课后辅导班或补习班接受专家的帮助更有效果。

当然，不少人会对这种解决方法感到不舒服，现在连生计都很难解决，怎么能将事情一一交给专家呢？但是我认为有必要摆脱所有事情都要靠自己解决的思考方式。

下面以 NBA 篮球运动员勒布朗·詹姆斯为例进行说明。他是世界上数一数二的篮球运动员，年薪也非常高。此处，我们假设他每小时赚 2 万美元，而且因为个子高、力气大，所以也很擅长园艺。也就是说，勒布朗·詹姆斯是篮球天王，同时还是卓越的园丁。但是他辛苦运动回到家后，（不雇佣园丁）还要亲自管理庭院，这算合理的行为吗？笔者认为，他应该支付每小时 20 美元雇佣园丁，来建设漂亮的庭院，自己好好享受闲暇时间，锻炼身体，同时尝试进一步提高自己的球技。

只要好好管理身体，将退休时间推迟一年，收入就会增加数千万美元以上。我希望人们不要因为用金钱来解决人生中遇到的困难而感到内疚。因为，人类的时间是有限的，个人通过劳动可以赚到的工资也是有限的。因此，不要只关注努力赚钱，也要注意资金周转。也就是说，要建立"赚钱的系统"。与其盲目地向熟人提出"有没有推荐的股票?"之类的问题，不如询问该如何建立赚钱的系统；与其在树林中寻找金蛋，不如思考如何拥有一只"会下金蛋的鹅"。

关于金钱和幸福的
残酷真相

　　当我们谈论金钱和幸福之间的关系时，有很多人会问以下问题："听说无论多么有钱，只要资产超过一定水平后幸福感就不会增加了，真的是这样吗？"美国经济学家理查德·伊斯特林（Richard A. Easterlin）已经这样说了。简而言之，他的所谓"伊斯特林悖论"（Easterlin Paradox）的理论是，当收入超过一定水平时，幸福感不再增加。这听起来似乎很有道理，但是，有许多人提出了反对意见。（关于"伊斯特林悖论"的详细信息请见第一章的金钱趣谈内容）

　　有悖于伊斯特林悖论的一个典型例子是离婚。我们在这世上经历的最痛苦的事情是什么？虽然答案可以有很多，但最让我痛苦的是 28 年前父亲去世。另外，部分学者表示，离婚是痛苦的事情，甚至可以与失去父母的痛苦相比较，原因在于离婚不仅会给子女带来很大的伤害，最重要的是这件事会不断地从当事者内心深处涌现，反复地对其内心造成伤害。实际上离婚的人中不少人患有忧郁症，甚至不少人还需要接受心理治疗。

观察最新的婚姻统计数据，我发现了以下几个有趣的特征：第一个特点是"初婚年龄"在提高，特别是妇女的初婚年龄（第一次婚姻）稳步上升。在韩国，1990 年时妇女的初婚平均年龄为 24.8 岁，但到 2020 年，平均年龄达到 30.8 岁（韩国统计厅，2020 年）。美国等发达国家的情况也是如此。据说，这种初婚年龄的提高对婚姻的稳定性产生了积极影响。

以美国为例，25 岁之前结婚与否是影响离婚率的决定性指标。也许是因为到了 25 岁以后，男性和女性追求的目标更明确，考虑事情更周到，更能选择适合自己的配偶。另外，纽带感较弱的情侣禁不住长时间恋爱的考验，就不会结婚，这也是初婚年龄影响离婚率的一个原因。

第二个特点是"收入"的影响力，准确地说就是学历，这是令人不悦的事实，但学历和收入确实有着非常密切的关系。简言之，学历越高，薪资就会越高。因此，学历水平高的夫妇通常收入也较高，而且结婚年龄很晚。这意味着影响离婚率的首要因素与学术背景密切相关。为什么会发生这种情况？抛开结婚晚的事实，受过高等教育的人也知道离婚的机会成本。我有时会想："对我来说人生中最致命的、最直接的危险是什么？"

最大的危险是患绝症，除此之外，离婚的危害似乎最大。大部分高学历者失业风险较小，婚姻生活中的经济压力较小，可以说收入水平是影响离婚率的决定性因素。

据韩国劳动研究院发表的题为《文化差异对离婚的影响》的报告书显示（2014 年），丈夫的收入越高，离婚的风险就越低。以 4 004 对夫妻为对象进行的调查结果显示，相比于丈夫零收入的状态，丈夫月收入为 300 万韩元时，离婚风险下降到三分之一，丈夫收入达到 1 000 万韩元时，离婚风险几乎下降到 0。也就是说，高收入（或教育）水平有助于婚姻稳定。

从以上调查中可以看出，提高幸福感的代表性因素是"收入水平的上升"，因为收入水平高，家中没有太多因钱而引发的矛盾，可以把困难的事情交给专人处理。但是每个人的情况都不一样，人生并不轻松，我们要在各自的位置上想办法提升幸福感。

那么，囊中羞涩的人该如何提高幸福感呢？首先，切勿与他人进行比较。虽然，受集体主义文化影响，生活中很难完全不顾及他人的评价。但可以适当回避使您感到不舒服的场合。比如说，在假期避免与关系不融洽的亲戚碰面，如果校友会中有出言不逊或令大家不悦的怪学长，您大可以不参加这类活动。社会上假装关心，总把个人生活当作公共事务，随意点评他人生活，这种事情屡见不鲜。我上大学后，只参加过两次校友会。从社会生活的角度来看，在首尔上学的本地学生不参加校友会看起来并不是好选择。但自从我不参加校友会以后，我变得更加开心了。相比于在校友会上勉强地喝着酒忍受无礼的对话，不参加似乎是更好的选择。生活中，有时回避才是上策。

读到这里，读者们可能会认为"洪博士经常跳槽是有原因的"。

这是事实，我在长达 28 年的社会生活中，有过 10 次以上的跳槽经历，也有过被解除合约等不愉快的经历。但我不后悔作出这样的选择。

有些公司我是无论如何都不愿去的。因为长期被变态一般的公司折磨，我曾患过大病。我认为，与其在充满作威作福的人和老顽固的工作环境中每天拼命坚持，不如在规模较小但业务量大的公司干一份收入较低的工作。实际上，在前者组织文化盛行的公司，掌握权力的人陶醉于自己的权力，共情能力下降，最终破坏了组织文化，这种案例屡见不鲜，因此在这种公司很难有光明的未来。

提高幸福感的另一个方法是"不要在意幸福的强度，而应该在意幸福的频率"。也就是说，与其追求巨大的成就，不如多在日常生活中享受自己喜欢的事情：和喜欢的人共进晚餐，经常创造机会与朋友谈论共同关心的事情，寻找自己的兴趣爱好。但也有人很难做到这些事情，特别是那些不喜欢外出的内向的人（比起外向型，我更接近于内向型）。据心理学家介绍，不喜欢在外面见人的人相对来说较难感到幸福。不仅如此，据说，遗传上外向这一性格特点的人也更容易感受到幸福。遗传特征虽不能改变，但人类可以能动地改变自身行为。

虽然学者之间的意见有很大分歧，但努力对幸福的影响仅次于遗传因素。只要您清楚自己喜欢和不喜欢的东西，就可以尝试通过自己的努力来提升幸福感。您也可以像我那样，故意避开一个粗鲁的人或令您不适的环境。我建议您经常与亲密的人见面。

正如我在前文中所强调的那样，经济实力是提高幸福感和创造生活安全感的关键因素。即使现在生活处于困境，您也不要失去对金钱或投资的兴趣。我见过许多投资高手，他们也不是一开始就接受投资的人群。但他们知道自己想要什么，并愿意为之努力付出，对钱财非常慎重，同时也是会享受生活的人。

李珥[①]曾说，人生有三大不幸。第一大不幸是"少年登科"，少年得志，少不更事，易生狂妄，久后必招致灾祸。

人生漫长，如果一个人在年轻时沉迷于成功带来的喜悦，一旦停滞不前或变得傲慢，就会遭遇许多困难。暴发户更容易没落是因为他们中的大多数人都曾有过"少年登科"的经历。因此，人不该只关注聚财，还需要将优秀的人揽在身边。第二大不幸是"中年丧妻"。恩恩爱爱的家庭生活中，配偶的突然离世将导致无法言语的损失。前面提到，要努力将优秀的人揽在身旁，但没有什么关系是比夫妻关系还亲密的，丧偶之痛更是难以承受。第三大不幸是"老年孤独"。随着年龄的增长，一个人会变得越来越孤独。最近我在参加各种聚会时，都会谨记"沉默是金，慷慨解囊"

---

① 韩国朝鲜王朝时期思想家、教育家、儒学家。

的原则。如果一个人愿意多倾听他人的见解，关键时刻还慷慨解囊，那应该可以与亲朋们长期保持和谐关系吧？话虽如此，遵循原则却不易。这方面我还需要更多的修炼。我很高兴在撰写此书时有机会再次进行自我反思。

⊕ 金钱趣谈

平均错误：
如果沃伦·巴菲特来到一个有 10 人的酒吧会怎么样？

2020 年韩国家庭金融福利调查结果显示，韩国家庭的平均净资产为 3.6 亿韩元。从下面的家庭净资产分布情况表格可以看出，韩国家庭净资产的中位数是 2 亿韩元。中位数如此之高，通常是因为巨额资产家的缘故。

举例说明一下，假设一个酒吧里有 10 个人。他们在同一家公司工作，而且都是 30 多岁，且假设他们的平均净资产为 2 亿韩元。如果这时候沃伦·巴菲特突然出现在酒吧里会怎么样？这些人的平均净值可能会跃升至数亿韩元，或接近 10 兆韩元。截至 2020 年，沃伦·巴菲特拥有 825 亿美元的净资产，用韩元计算大约为 92 兆韩元。

但在 11 人中，排行第六位的净资产，即净资产中位值：约为 2 亿韩元。

因此，在一个贫富分化严重的世界中，中位值要比平均值更具参考意义。平均值与中位值越接近，说明一个社会越平等。最近一年，韩国家庭净资产的平均值和中位值差距拉得更大了，这说明韩国社会的贫富差距更大了。

表 1-2　韩国家庭净资产区间分布　　　　　　　　　　（单位：%）

净资产（亿韩元）	家庭净资产分布		
	2019 年	2020 年	较前年（比例）
小于−1	0.2	0.3	0.1
−1 到 0	2.8	3.1	0.3
0 到 1	29.1	28.8	−0.3
1 到 2	17.8	17.4	−0.4
2 到 3	13.3	12.7	−0.7
3 到 4	9.3	9.3	−0.1
4 到 5	6.4	6.7	0.3
5 到 6	4.7	4.8	0.2
6 到 7	3.7	3.4	−0.3
7 到 8	2.4	2.7	0.3
8 到 9	1.9	2.1	0.1
9 到 10	1.5	1.6	0.1
10 以上	6.8	7.2	0.4
平均（万韩元）	35 281	36 287	2.9
中位值（万韩元）	20 050	20 218	0.8

数据来源：韩国银行、韩国统计厅、金融监督院，《2020 年家庭金融福利调查》，
2020 年 12 月

⌖ 金钱趣谈

伊斯库林悖论是真的吗？

理查德·伊斯库林质疑现有经济学认为的收入决定幸福度的说法。在 1974 年，他提出"当收入水平满足基本生活所需后，即使收入再增加，幸福度也不会跟着提高"的理论。然而，最近反对伊斯库林悖论的言论四起。在图 1-1 中，左侧横轴表示"各国家和地区的人均 GDP"，纵轴表示"生活满意度"，并以 0 到 10 的数值表示。右侧纵轴表示"将生活满意度转换为标准点状分布图后的数值"，平均值为 0。

该图比较了 155 个国家和地区的人的生活满意度和人均国内生产总值，该图显示收入（人均 GDP）越高，对生活的满意度也越高。这表明伊斯库林悖论是不成立的。

当然，该图展示的是国家和地区间的单纯数据比较。

但是，另一张图的分析结果也支持这一结论。该图显示了 25 个国家样本的家庭年收入和满意度变化。我们可以看到，随着收入的增加，对生活的满意度也会随着提高。当然各国之间也存在差异。例如，墨西哥和巴西等国家的收入水准不高，但幸福度偏高；另一方面，韩国的生活满意度低于巴西或墨西哥，即使其收入水平相当。

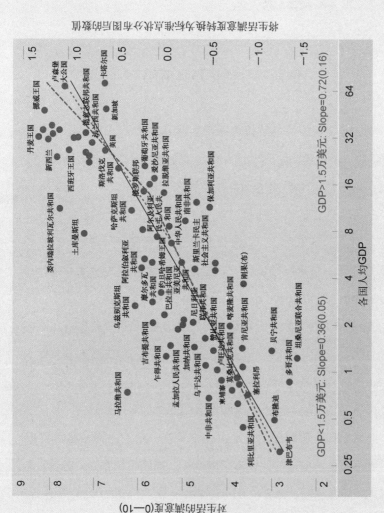

图 1-1 155 个国家和地区居民对生活的满意度及人均 GDP 比较

参见：Betsey Stevenson, Justin Wolfers, "SUBJECTIVE WELL-BEING AND INCOME: IS THERE ANY EVIDENCE OF SATIATION?", NBER Working Paper 18992, 2013, https://www.nber.org/papers/w18992

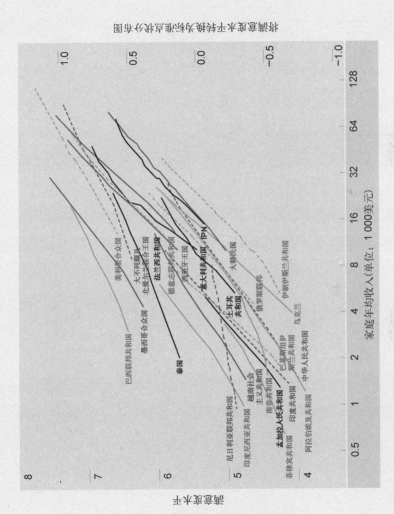

图 图1-2　25个国家的样本家庭年收入和生活满意度变化示意图

参见：Betsey Stevenson, Justin Wolfers, "SUBJECTIVE WELL-BEING AND INCOME: IS THERE ANY EVIDENCE OF SATIATION?", NBER Working Paper 18992, 2013, https://www.nber.org/papers/w18992

随着收入水平的提高，韩国居民的主观满意度也在稳步上升。

收入可能不是影响幸福度的最重要因素，但却是一个影响生活满意度的、非常有意义的因素。因此，很难说幸福和收入之间没有关系，或者断言收入的增加不会提高幸福度。

The History of Money

全民投资时代该
如何做好投资

第二章

如果重返 30 岁，
我会学习拍卖知识

在第一章中，我们探讨了低利率对社会的重大影响，以及收入水平对幸福感的重大影响。那么，在这个利率极低的时代，如何才能够稳步增加个人资产呢？特别是在经济低迷的情况下，二三十岁的人群该如何理财呢？

如果我能回到 30 岁，我应该会首先研究"不动产拍卖"的相关知识。但是，这并不意味着我们现在应该立刻进入拍卖市场。2020 年拍卖市场异常火热，是因为当时刚好发生了全租房危机，导致购房需求剧增，但市场的供应量不足，最终在 2020 年 10 月，首尔住宅的中标浮动率升到了史上最高的 11.8%。中标浮动率是指中标价格减去鉴定价格，然后除以中标价格得到的比率。例如，如果鉴定价格为 1 亿韩元的别墅通过拍卖以 8 000 万韩元中标，那么中标浮动率为−20%。这里的鉴定价格是指鉴定师对房地产或其他财产评估的金额。鉴定师提交的《鉴定评价书》可以被法院用作法律证据。如果某房地产的评估价为 100 亿韩元，但实际市场价值为 30 亿韩元。如果购房者以该房产为担保，向银行贷款

50 亿韩元，并最终导致银行损失了 20 亿韩元，那么最后银行有权向鉴定师索赔 20 亿韩元。因此，鉴定评估价格一般都是经过慎重考量的。

首尔住宅中标浮动率 11.8% 意味着鉴定师评估的 10 亿韩元的首尔住宅以 11.8 亿韩元中标。可以看出拍卖市场异常火热。中标价比鉴定价更高的理由有两个。首先是住宅供应量不足。即使有自己想买的住宅，也要有想要出售的人才能成交。也就是说，有不少人想通过拍卖市场尽快购买住宅。第二个原因是鉴定和拍卖过程中住宅价格突然暴涨。例如，鉴定时估价为 10 亿韩元的住宅的价格最近以 12 亿韩元成交，那么即使考虑到各种费用，以 11.8 亿韩元成交也会更有利。

那既然当下拍卖市场火热，现在学习拍卖知识还来得及吗？我认为学习拍卖知识对二三十岁的人群来说至关重要。因为拍卖中标浮动率每年会有大幅波动。最具代表性的时期是 2019 年初。当时，世界经济因为几个国家之间的贸易纷争而面临巨大困难，韩国银行将政策利率上调到了 1.75%。受此影响（决定房地产价格走势的三个要素将在下一节中详细说明），不动产拍卖市场迎来了萧条期。首尔地区住宅，特别是江南地区的住宅中标浮动率出现了暴跌。2019 年 3 月，该地区的公寓中标浮动率为 −33.3%。当时，瑞草区特定住宅的十多件拍卖标的以 50% 左右的中标价成交了。这事件对住宅中标浮动率暴跌产生了一定影响。

但是从整个首尔住宅市场来看，同一时期首尔住宅拍卖中标浮动率下降到了约−18%，这是非常令人震惊的事情。

因为，2019年3月，首尔住宅全租价格对比买卖价格的比率为59.4%。以实际交易价格为基准，我们假设一套以10亿韩元交易的住宅的鉴定价为9亿韩元，按照中标浮动率−18%来算，该住宅会以7.4亿韩元中标。一般来说，与实际成交价格相比，鉴定价一般都是比较保守的。套用首尔住宅的平均全租比率的话，预计该住宅的全租价格为6亿韩元。也就是说，以7.4亿韩元中标该住宅的人可以按照6亿韩元的价格全租出去，即使考虑到转让费用等，只要有1.5亿韩元左右现金，就可以成为市价10亿韩元的住宅所有者。

当然，从中标到全租出去为止，可能会遇到很多难关。例如，请住在中标住宅的租户（或前房东）离开可能需要消耗时间和费用，为了提供全租，可能会发生装修费用。因此，中标者经常会申请最高达中标价80%的拍卖余额贷款。

从中可以看出，拍卖并不容易。在某些情况下，如果转让费用，权利分析估算错误，最终可能导致亏损。因此，在竞拍前需要做好充分的准备工作。

尽管存在这些困难，但我们仍需要学习拍卖知识，因为房地产市场正在逐渐变得透明。以前为了购买土地或房子，需要寻找各地区的房地产中介，甚至需要访问当地的居民去努力收集小区信息。尽管如此，投资还是非常困难的。读者们肯定听说过"某些人听说利好消息即将出台，于是购买相应地区的房产，如今几十年过去了却杳无音信"的投资失败案例。由此可见，房地产市场的信息差巨大。但是至少在住宅市场上，该信息差正在逐渐缩小。

因此，如果发现拍卖中出现了不错的标的时，我们可以提前评估利润，以及该地区是否存在潜在的不利因素等。考虑到技术的发展和社会的进步，相信越来越优质的服务会出现，通过拍卖购房后失败的案例也会越来越少。

房地产市场暴跌时，
如何捕捉触底的迹象

　　从 2014 年开始，房地产市场足足保持了 7 年的上升趋势，民众对房地产投资的信任度越来越高。但是房地产市场在每 10—15 年为一轮的周期内价格会出现暴跌。典型的案例是 1997 年外汇危机后，以及 2015 年左右出现的所谓的"房奴（指盲目贷款购买房屋后，因贷款利息而生活困难的人群）现象"。为什么房地产价格会在这两个时期下降？利率飙升，住房供应量过多是共同的原因。

　　为什么住宅供应量的减少和增加会对房地产市场产生这么大的影响？在说明这一点之前，我们先来看一下世界级投资大师沃伦·巴菲特的案例。2003 年，巴菲特收购美国组装住宅制造公司克莱顿·霍姆斯（Clayton Homes），正式进入房地产和建设市场，但不幸的是房地产市场很快就崩溃了。但在 2011 年春天，巴菲特在股东大会上断言美国房地产市场将恢复。在他与理查德·康纳斯（Richard Connors）合著的著作《巴菲特谈生意》（*Warren Buffett On Business*）记录了相关内容。

　　房地产市场会恢复景气的。大家可以相信这句话。从长期来看，住宅数量只能趋同于家庭数量。但是 2008 年以前，住宅数量比家庭数量更多，导致过度膨胀的泡沫爆掉了，动摇了整个经济，从而引发了其他问题。在萧条期初期，家庭数量的增加趋势放缓，2009 年家庭数量大幅减少。但是可怕的供需状况现在逆转了。比起住宅数，现在的家庭数量每天都在增加。

　　在萧条期初期，人们可能会跟父母住在一起，但他们很快也会想摆脱这种生活。

　　目前，每年开工建设的住房数量为 60 万，远远低于新增的家庭数量，随着购房和租赁数量的增加，过去的住房供应过多的问题正在得到快速解决。

　　沃伦·巴菲特的上述发言体现了一个有关住房市场周期的非常重要的状况。当供应的住房少于实际所需的数量时，即当市场上新住房稀缺时，人们对新住房的偏好就会增加。另一方面，如果与需求水平相比，住房供应过剩，新住房的受欢迎程度将会下降。

　　低利率政策是对韩国住房市场影响最直接的一个因素，自 2014 年以来，韩国住房市场一直在增长。特别是，随着 2015 年住房供应量持续下降，市场对新住房的需求也有所增加。因此，进入住房市场时，我们必须查看市场上的入住数量。

目前，住房供应过剩的风险似乎不太可能破坏住房市场。

事实上，我们很难准确判断市场上住房的供应量是否充足。我认为，大约40年房龄的住宅的居住价值将急剧下降。我曾居住于汝矣岛一个建于20世纪70年代的住宅四年。大约在2010年的某一天，家里发生了一起突发事故。污水突然从厨房的加热管道的裂缝中喷了出来。为了防止污水溅得到处都是，我站上椅子，用抹布强行堵住了裂缝。当管道维修人员到达后，用橡胶包住了裂缝部位。迅速解决这个问题后，他又急忙赶去了另一栋房子。看来周边小区有不少相同的弊病。

这些房龄超过40或50年的住宅不仅住起来多有不便，而且极其危险。因此，旧住宅应按顺序重建，如果重建不及时，住宅的价值将逐渐归零。这意味着作为住宅设施，它的价值会归零。

那么，每年供应多少量的新住宅是合适的呢？

假设40年后，首尔有150万套住宅不再被视为住宅设施，那么每年市场将需要供应4万套新住宅。但是，首尔的住宅入住数量从2020年的5万套降到2021年的2.6万套。到2022年，更是下降到1.7万套左右。目前，正如沃伦·巴菲特在2011年所说的那样，整体来说住房需求大于供应。由于利率长期保持在低水平，住房供应也疲软，预计房地产价格将继续上涨。

但是影响房地产市场的因素不仅仅是"利率"和"住宅供应

量", 还有一个要素是"绝对价格"。

最近京畿道部分新建住宅的价格超过了 15 亿韩元, 以 2020 年末为基准, 首尔住宅的平均交易价格远远超过了 10 亿韩元。也就是说, 住宅一直都是昂贵的资产, 但现在"门槛"更高了。以 2019 年为基准, 韩国家庭的平均年收入为 5 900 万韩元, 中间值收入为 4 600 万韩元左右。除去各种税金和年金的话, 可支配收入会进一步减少。仅仅依靠这些收入能买得起房子吗? 我认为非常困难。可能只有收入前 10% 或 5% 的人才能买房。

此外, 房价急剧上涨的同时, 2020 年春天, 为了防止新型冠状病毒的扩散, 世界各地的"封城"措施导致韩国经济困难重重, 这种情况下, 收入增加的家庭并不多。

当然也有例外。三星电子和 SK 海力士等大企业的员工们享受了行业发展带来的丰厚红利。但他们的收入水准在韩国劳动者中属于前 10%, 剩下的 90% 的普通劳动者和个体户正在经历非常困难的时期。同样, 韩国大多数家庭似乎很难再承担急剧上涨的住宅价格(相关统计见第二章的《金钱趣谈·通过住宅负担能力指数判断住房市场泡沫水平》)。

最终, 房地产市场的牛市将持续到 2022—2023 年, 但不久的将来会逐渐出现疲软的趋势。目前, 我们很难预测房地产市场的调整会以何种方式出现。

但是, 房地产市场萧条时, 二三十岁的人群将面临新的投资机会。作为参考，2012—2013 年房地产市场处于停滞状态时，住宅的中标率（全国标准）曾下降到 76%。平均投标人数也只有 4.5 名。

现在是进入拍卖市场的好时机。许多投资者认为，无论产品有多大吸引力，当他们认为其价格可能会进一步下跌，往往不想投资。

除了房地产拍卖，"缺口投资"也是一种好的投资方法。

2016 年末，首尔的全租价格对比住宅价格比率达到了 73.4%。特别是与首尔江北地区的交易价格相比，全租价格比率远远超过了 75%。这时，可以以 1.2 亿韩元左右投资市价 5 亿韩元的公寓。当然，如果房价进一步下降，可能会遭受很大的损失。因此，需要正确判断房地产市场被低估的征兆，并迅速作出正确判断。

第一个进入房地产市场的比较好的时机是中标率大幅下降。如果全国居住用房地产的中标率下降到 70% 左右，首尔地区房地产的中标率下降到 80% 或以下，那说明市场已出现"恐慌"，有必要对此予以关注。

第二个时机是待售房产的增加趋势减弱的时候。房地产市场的供应量很重要，供应过剩的压力缓解时，才是进入房市的好机会。

购买位置优越的待售住宅也是一种良好的投资方式。

第三个时机是国家实施降息等多种住宅市场刺激政策的时候。例如，2014 年，韩国政府宣布大幅缩短重建年限，租赁住房需求得到缓解后，购房者涌入住房市场。

在衰退中寻找机遇

The History
of Money

看了上一章，读者可能会产生以下疑问，"如果韩国房地产市场也像日本一样陷入长期不景气的话，抄底房地产会不会遭受很大的损失？"对此，我也不能 100% 保证不会。

但是从最近日本房地产市场的情况来看，我们对此不必太担心。日本全境土地价格，从 1991 年到 2016 年，连续下降了 26 年，并仍在继续。但住宅市场的情况却完全不同。

东京地区的住宅价格从 2003 年开始呈上升趋势，大阪地区的住宅价格从 2005 年开始呈上升趋势。东京地区的住宅价格在 16 年间甚至上涨了 2 倍以上，接近 1991 年创下的历史最高值。日本的大城市住宅市场可以说是开启了新的时代。

考虑到日本人口从 2005 年左右开始正式减少，但东京和大阪等大城市住宅价格的上涨令人惊讶。为什么会发生这种事？其原因大致有三个。

第一个是"安倍经济学"，这是指日本前首相安倍晋三颁布的大规模经济刺激政策。日本政府不仅将利率降至零水平，还实

行了大规模量化宽松政策。即中央银行直接在金融市场购买债券
或股票，以增加市场中的货币供应。例如，假设 A 银行持有日本
政府发行的 1 兆日元国债，这时，日本中央银行在债券市场表示
"将以比市场价格更高的价格大量购买债券"，并下订单，这就是
量化宽松。这会对经济产生两种影响。一是，随着债券价格的上
涨，利率会下降。二是，A 银行将比以前拥有更多的现金。

银行因出售持有的 1 兆日元债券获取了利润，持有的现金量也
增加了，接下来开始新投资的可能性也会增加。银行可以选择购
买企业发行的企业债券，即公司债券，而且还会增加对个人或企业
的贷款，经济会因此逐渐好转。当然，贷款中最稳定的就是房地产
担保贷款。因此，流入 A 银行的资金肯定也流向了房地产市场。

第二，不仅是量化宽松，"住宅供应减少"也是大城市住宅价
格上涨的原因。从日本的住宅供应趋势来看，戏剧性的变化出现
在 2005 年左右。1996 年一年日本足足建设了 164 万户，2005 年减
少到 124 万户，2009 年下降到 79 万户。正如沃伦·巴菲特所说，
如果住宅供应不足，新建住宅的人气就会提高。而且，随着时间
的推移，这个问题若得不到解决，那么其他地区以及不同类型住
宅的人气也会越来越高。

第三个原因是，由于信息技术革命，日本人口大规模涌入了
大城市，导致大城市的住宅价格上涨。

在人口下降的冲击下，日本陷入国内经济长期低迷的泥潭，虽

然陷入了慢性低迷的泥潭，但得益于安倍经济学，日元对美元汇率上升，以信息通信为中心的出口产业的竞争力得到改善，出现了人口集中到大城市的现象。信息通信革命之所以会导致人口向大城市集中，是因为相关企业为了激发创新，必须将人才聚集到特定地区。如果将生命科学研究所或软件企业转移到人迹罕至的地方，该研究所或企业的生产效率就会急剧下降。

最近 SK 海力士的半导体工厂集群（制造及研究的中心）定址龙仁了。SK 海力士在各种争议中，最终将龙仁选定为半导体集群聚集地，即研究及生产和零部件企业的集结地，主要有两个原因。首先是因为三星电子在邻近的地方。SK 海力士虽然正在与三星电子展开激烈的竞争，但为了掌握技术开发动向，去三星电子附近可能会更有利。其次是人才问题。半导体等创新产业的发展，首先要吸引优秀的人才，因此，首都圈在地理位置上非常有利。

在日本也是如此。东京大学或一桥大学等世界一流大学附近和索尼、佳能等众多企业展开激烈竞争的地方，人才必然会蜂拥而至。因此周围也会有很多连锁创造新企业。例如，松下的总部在大阪，我们就可以理解为什么东京和大阪地区的住宅价格引领全日本。

与其沉浸在对经济长期不景气的恐惧中，不如关注房地产市场的动向，在房地产萧条期，也能抓住适当的投资机会。

如何在危机中寻找
安全资产

　　在阅读如何判断房地产周期和进入拍卖市场的时机时，您可能会认为这些与自己无关，甚至会有失落感。如果没有任何种子资金，即便发现了良好的投资机会，也无法参与其中。

　　但是，本书并不是为高收入阶层人士而写的。拥有许多资产或高收入水平的人群可以继续研究投资策略，并做好长期准备。

　　例如，以总收入中扣除税收或社保等支出后的可支配收入为基准，每年有 1 亿韩元以上收入的家庭，在韩国属于前 8.9%。这类高收入家庭每年可以储蓄 4 000 万韩元以上。如果像 2012 到 2013 年那样的拍卖市场的黄金期再度来临，这种充裕的家庭即使不贷款，也可以中标首尔等核心地区的住宅。但是大部分家庭每年存不到 2 000 万韩元，甚至 1 000 万韩元都存不到。根据 2019 年数据，韩国全部家庭中家庭收入在 4 000 万韩元以下的家庭比重达到 50.9%。

　　在困难的环境中筹集种子资金时，最重要的原则是"投资在经济萧条中价值上升的资产"。用被誉为"黑天鹅之父"的著名投资者纳西姆·尼古拉斯·塔勒布（Nassim Nicholas Taleb）的话来说，"抗压能力"较强的资产最适合作为筹集种子资金的工具。这里的抗压能力指的是在危机中表现强势的特质。最典型的就是美国国债。从投资美国国债的上市指数型基金（305080）的价格趋势来看，与 2019 年末相比，2020 年 3 月末的价格上升了 16.4%。随着新冠肺炎疫情在全球的扩散，世界经济陷入困境，金融市场陷入恐慌，但美国国债的价格反而出现了暴涨。

从这个案例可以看出，投资抗压能力较强资产的理由很明确。因为在经济不景气的情况下，我们的收入（以及拥有资产的价值）也很有可能缩水。从这个角度来看，最糟糕的投资方法是投资自己公司的股票。万一公司出现问题，劳动收入和资产都会化为乌有。我们经常接触某些员工通过持有三星电子或 SK 电信等大公司股票并成为大富翁的事例，但这是典型的"后视偏差"（Hindsight Bias），后视偏差是指在某件事情发生后知道结果的情况下，相信自己提前预知事情结果的倾向。即"我早就料到会这样了"。

在新冠肺炎疫情全球蔓延的 2020 年 3 月，没能抄底股票感到后悔是典型的后视偏差。当时的股市非常凶险，在增长前景急剧恶化的情况下，投资者们选择加速抛弃股票等风险资产，并涌入了像美元或黄金等被认为是安全的资产。以至于美元对韩元的汇率在 2020 年 3 月 19 日，曾一度暴涨到 1 285 韩元 70 分。

因此，投资者最好投资于"抗压能力强的资产"（如美元），以降低重要资金缩水的风险。回顾过去 10 年，美元对韩元的汇率达到了 1 300 韩元，涨了两倍之多。

我们再来看下 2016 年 2 月和 2011 年 9 月的情况。2016 年初，国际油价突然暴跌，韩国综合股价指数（KOSPI）跌至 1 800 点。2011 年，由于欧洲金融危机和美国国家信用评级被下调，金融市场一度陷入混乱。如果当时持有美元会怎么样？随着汇率暴涨，美元存款（或美元资产）的估值将会提高。持有者可能有能力进入 2011 年或 2016 年火爆的拍卖市场。当然，房地产市场在 2020 年春天（当时受到新冠肺炎疫情冲击）表现很强劲，所以投资者也可以选择趁着低位买入优质蓝筹股。

总之，请记住，难以积攒种子资金的低收入家庭应该投资安全资产，包括美元。

了解汇率才能做好投资

即使人们意识到要投资被视为安全资产的美元，也会遇到不少困难。因为一般投资者很难理解美元汇率为什么会在经济萧条期上升，而且很难掌握汇率跟投资之间的关系。在这里我再详细地给大家说明一下。

在韩国经济困难时期，美元汇率突然上涨是"以出口为中心的经济结构"导致的。在韩国，出口在经济中所占的比重超过 40%，而且出口的规模变动幅度相当大。2009 年的情况就是一个典型的例子。

全球金融危机以后，韩国的出口规模比前年同期下降了13.9%，经济增长率仅为 0.8%。2020 年的情况也是如此。受新冠肺炎疫情冲击，经济不景气开始，出口下降了 5.4%，韩国国内生产总值（GDP）规模减少了 1% 以上。国内生产总值是指一年内国内生产的总附加值之和。比如，卖一辆汽车后产生了 3 000 万韩元的新销售额。如果其中 1 000 万韩元是海外进口的原材料费用，那么在汽车生产过程中新创造的价值应该是 2 000 万韩元。这 2 000 万韩元就应计入国内生产总值。

每当世界经济发生巨大变化时，韩国经济就会受到冲击，这种现象可以用"供应链的牛鞭效应"来解释。下面我们看看跨国生活用品制造企业宝洁公司（P&G）的案例。该公司负责婴儿尿布物流的高管在分析需求变动时发现了有趣的事实。婴儿尿布就商品特性来说，消费者的需求是稳定的，但零售店和批发店的订购需求参差不齐。而且，这种订单变动幅度在"终端消费者—零售店—批发店—制造企业—原材料供应商"的供应链（Supply Chain）上从最终消费者到遥远的制造或原材料供应商逐渐增加。

在挥动鞭子时，即使把手部分摇晃得较小，这种波动也会随着鞭子的末端摆动而增大。同样，在供应链管理中产生的这一现象被称为"牛鞭效应"。发达国家的消费市场稍有冲击，韩国等以制造业为中心国家的经济就会大幅波动。

当然，除了供应链的因素外，牛鞭效应的发生还有很多因素。最重要的一个是"前置时间"（Lead Time），前置时间是指生产一个产品从获得订单到出库所需的时间。例如，在2000年或2007年，经济繁荣时，生产半导体等电子产业核心零部件的企业已经获得了很多客户的大量订单。客户重新下订单的话，甚至需要等待三个月时间。甚至有报道称，生产汽车用半导体的企业出现零部件短缺，导致汽车工厂停产。

在这种情况下，如果能更快地获得零部件，就可以在竞争中取得明显的优势。因此，饱受竞争压力的企业会向零部件生产企业下超额订单。即比平时所需数量大几倍的订单。

之所以发生这样的事情，是因为企业有优先供应大订单的原则，并可适当降低价格的惯例。

如果情况发生变化，汽车制造公司的半导体需求减少，就会出现严重的问题。事先担心不能及时收到物品的企业下了两倍或三倍于真实需求的订单。生产企业为确保及时完成订单增加了设备，并雇用了很多人力，如果大量订单被同时取消，那该零部件生产企业将面临严重困境。因此，零部件企业会不断检查订单是否真实，并努力获取相关信息。但是任何公司都不会向供应商透明地公开自己的真实情况。为追逐更多的利润而残酷竞争的行业内，信息流通是不可能完全透明公开的。

如果发达国家消费者的偏好出现细微变化，那么韩国和中国等制造或零部件生产大国就会受到很大的冲击。这里还有一个变数在起作用，那就是"全球投资者"。他们深知韩国对发达国家的经济非常依赖。

因此，当世界经济情况好转时，韩国股票或房地产前景就会明朗，届时全球投资者会积极买入这些资产，最终导致美元对韩元的汇率下降，即用在外汇市场出售美元后获得的韩元购买韩国资产。因此，在外汇市场上，"抛售美元，买入韩元"的订单将急骤增加。

相反，在世界经济状况不好的时候，外国投资者会优先抛售韩国资产。他们清楚在牛鞭效应的作用下，韩国等处于供应链末端的国家经济会迅速恶化。查看韩国企业的业绩和出口趋势就会发现，出口出现负增长时，世界经济会陷入低迷，而美元对韩元汇率会出现暴涨。因为，外国投资者很可能会在外汇市场上争先恐后地做出"抛售韩元，买入美元"的操作。而且，韩国投资者也知悉这一现象，想要买入美元资产的需求也会不断增加。

因此，经济状况恶化时美元对韩元汇率会上升。相反，经济好转时汇率会下降。所以认清汇率根据经济状况变动的原理及相互关系，有助于提高投资成绩。例如，在经济状况良好时提前投资美元资产的话，在经济不景气的时候反而有机会获得丰厚的利润。

当然，我们也可以利用这些利润购买被低估的韩元资产，这真的是一箭双雕的美事啊。

在下一节中，我将给大家介绍值得投资的美元资产。

经济萧条时，
越挫越勇的美国国债

当知道在经济衰退时可以投资美元资产，我们首先想起来的是外币储蓄商品。但是，在目前情况下，外币储蓄不是一种值得推荐的投资方法。因为利息回报很差，但费用却相当昂贵。而且当您出国旅行时会发现，美元买入价可能与美元的卖出价不同。由于外币价格上涨和下跌的波动范围通常是 30 到 40 韩元，因此不建议大家冲动地认购外币储蓄商品。那么，有没有其他投资方法？

首先，我们可以投资"上市指数基金"。上市指数基金是指可以像股票一样交易的基金商品。上市指数基金商品中有复制（或追随）美元对韩元汇率变化的商品。最具代表性的是"KOSEF 美元期货（138230）"和"KODEX 美元期货（261240）"，因为两种商品都能很好地跟踪美元对韩元的汇率变化，与其投资外汇储蓄商品，不如投资这类 ETF。

但还有比投资上市指数基金更好的投资方法。那就是投资"美国国债"。为什么美国国债是好的投资标的呢？因为，美元对韩元的汇率上升时，总是利率下降的时候。而利率下降意味着国债价格上涨。一言以蔽之，美国国债是在经济不景气的情况下表现优良的资产。

假设有一个 30 年期的美国国债 A 商品刚上市，该商品面值 100 韩元且每年提供 10 韩元利息，利率可以看作 10%。但因为这是 30 年期的债券，所以 30 年后本金的价值将非常低，该债券的价格变动将取决于利率。

例如，如果每年有 3% 的物价上涨，那么 30 年后 A 债券本金的实际价值将大幅下降。假设 1990 年某上班族的月薪是 100 万韩元，虽然这在当时是一笔数额很大的钱，但是考虑到 30 年后的现在，这连最低工资都达不到，就很容易理解。

在这里再作一个假设。假设 1 年后经济突然好转，出现通货膨胀，新发行的 30 年期国债 B 的年利息达到 20 韩元，那 A 债券会怎么样？

A 债券和 B 债券都是 30 年期国债，两个债券的利率应该相同。但是 B 债券提供 20% 的利率，A 债券的利率只有 10%，就会出现问题。投资者不是傻瓜，没有人会购买每年只支付 10 韩元利息的 A 债券，A 债券价格会逐渐下降。最终，A 债券价格会下降到 50 韩元，利率将变为与 B 债券相同的 20% 左右。也就是说，如果新发行的债券的利率上升，那之前发行的低利率债券的价格就会暴跌。

相反，如果 2 年后发生经济萧条，利率下降，新发行的 30 年期国债 C 的年利息仅为 5 韩元，又会引发什么结果呢？现在 A 债券的价格反过来会上升到 200 韩元。因为 C 债券的利率只有 5 韩元，所以给 10 韩元利息的 A 债券的人气会暴涨。最终，A 债券和 C 债券都将以 5% 的利率水平进行流通。也就是说，如果新发行的债券的利率下降，之前发行的高利率债券的价格就会暴涨。

这些例子表明，当经济好转和物价上涨时，利率会上升，债券价格将下跌；当经济恶化，通货膨胀压力下降时，利率会下降，债券价格将上升。

现在我们再来看看美国债券价格在经济开始衰退和美元对韩元汇率上升时的走势。在这种情况下，美国中央银行将降低利率。随着未来收入前景的不确定性和消费支出的下降，商业银行的利率也将下降。这将提高以前发行的高利率债券的受欢迎程度，债券价格也随之提高。

当全球经济形势严峻，美元对韩元汇率上升时，持有美国政府债券的投资者有着巨大的机会，可以趁着美国国债大涨，实现盈利，之后可以选择重新买入廉价的韩国股票或韩国房地产。

总之，当经济形势不好，消费价格下跌时，拥有美国债券可以带来巨大利润。因此，美国国债被称为"对抗经济衰退的有力资产"。

那么，我们该如何投资美国政府债券呢？我认为投资老虎证券

（Tiger U. S.）（305080）或 KODEX 十年期国债（308620）是个好主意。长期投资结果表明，这些基金在追踪美国国债价格变化方面有着良好的记录。如果您已经开设了海外证券账户，并熟悉海外证券交易，推荐大家投资 IEF（装有美国 7—10 年期国债的 ETF 基金）或 TLT（装有美国 20 年期以上国债的 ETF 基金）。这两个上市基金的成交额都很高，都可投资于最具代表性的美国政府债券。

投资美元资产的执行计划

The History
of Money

　　在前所未有的股票投资热潮中，许多人都在问："如何投资美国股票？"事实上，美国股票市场自 2003 年来一直强劲增长，特别是因为包括特斯拉在内的技术股票出现了惊人的增长。总之，我不建议大家满仓操作某一只股票。如果，经济像 2008 年或 2020 年那样疲软，美国股市也可能出现暴跌。

　　在 2008 年全球金融危机期间，韩国综合指数与高点相比下降了 54.5%（从 2007 年 10 月 31 日开始至 2008 年 10 月 24 日）。但美国标准普尔 500 指数（S&P500）的下跌率为 56.8%（2007 年 10 月 9 日至 2009 年 3 月 9 日）。当然，这场金融危机发生在美国，即便美国股市比韩国股市更加成熟稳定，但在金融危机面前，美国股市也难逃暴跌的结局。

　　我们再来比较一下 2020 年春季暴发新冠肺炎疫情时的情况。仅从新冠肺炎疫情正式暴发的 2020 年来看，美国 S&P500 指数下降率就达到了 34.0%（2020 年 2 月 19 日至 2020 年 3 月 23 日），仅在一个月内就下降到了这种程度，可见股市的波动性有多大。作为参考，同期韩国综合股价指数的跌幅为 35.7%，比美国稍大一些（2020 年 1 月 22 日至 2020 年 3 月 19 日）。

这种现象是因为"牛鞭效应"。只要消费者的支出稍微萎缩，位于"鞭子（即供应链）"末端的企业就会遭受巨大损失。此时，与位于"鞭子"末端的韩国相比，位于"鞭子"中间的美国企业相对来说可能不太危险。但绝不能断言美国企业一定会安全。

那么，应该如何投资美元资产呢？现假设有一对实际领取年薪约为 5 000 万韩元的 35 岁双职工夫妇，我将为他们制订投资执行计划。因为是双职工夫妇，考虑到消费倾向相对较高，我假设每年这对夫妻储蓄 1 500 万韩元，并对保障年收益率 1% 的储蓄商品进行复利投资，那么 20 年后储蓄本金 3 亿韩元，再加上收益，资产将达到 3.3 亿韩元，可以说资产增值了 10%。

假设我们每年用美元储蓄，等每五年左右就出现的金融危机时兑换成韩元。即，买入美元储蓄，每年获取 1% 的收益，当每五年一次的美元兑韩元汇率上涨 30% 后再卖出。例如，2021 年至 2024 年，美元对韩的汇率为 1 000 韩元，2025 年可能将暂时达到 1 300 韩元。利用前面提到的知识，在汇率暴涨时将美元兑换成韩元，等汇率恢复到 1 000 韩元左右后，可以再度买入美元储蓄。如果以这种战略运营 20 年，3 亿韩元的本金将增加到 6.4 亿韩元（这是假设每五年发生金融危机，每次都通过汇率差赚取利润的结果）。

  但这种战略是不现实的。因为，每个五年都精准兑换一次货币并不容易。因此，我们再假设不是 5 年，而是每 10 年只操作一次美元兑换成韩元，取而代之的是购买韩国的股票或房地产，获得 30% 的利润。这样下来，20 年内只要操作两次投资，资金就会增加到 7.1 亿韩元。

  上述投资案例的核心就是，假设 20 年来每年的储蓄额不会增加，只要实施投资美元资产然后换成韩元的所谓"交换战略"，投资本金也会增加两倍以上。如果种子资金规模更大或每年增加储蓄额的话，投资成果会变得更大。

  利用这种交换战略，还有一个好处，那就是可以自主决定退休时间。也就是说，在 5 年或 10 年一次的汇率暴涨时期，用韩元投资并取得成果后，即可提前实施退休计划。汇率差最大，韩元资产最廉价时就是退休的最佳时期。

关注美元和
加密货币之间的战争

自 2017 年以来，加密货币（虚拟货币）一直是个热门投资标的。甚至最近我的长子也问："为什么不把加密货币的故事写进你的书中？"所以我决定在这本书中加入加密货币的话题。我同意许多关于加密货币的论点，即这可能是一种处理央行分散资金所带来的通胀风险的好方法。韩国中央银行在 2008 年全球金融危机后采取全面措施，如实施量化宽松、零利率政策，甚至对交易所交易基金（ETF）进行了投资，这些全方位散发现金的行为是需要付出代价的。我认为，上述政策推行会提高未来出现通货膨胀的风险。

但是在历史专业毕业的我看来，我不赞同只投资特定品种的加密货币。因为，在 200 年前，没有人会想到美国的美元会成为世界主要货币。拥有国际储备货币的国家绝对不会放过具有竞争潜力的国家（或势力）。也就是说，作为新的主要货币，它不会给正在扩大影响力的加密货币注入力量，或者限制性地只允许在制度内固定设计几个种类的加密货币。1812 年的美英战争就是一个最佳例子。当时，英国政府与拿破仑统治下的法国进行了长达十余年的战争（1799—1815年），彻底阻止了法国船只的跨国移动，这也严重损害了美国的贸易。英国海军前往美国东海岸寻找美国船只，对船只进行检查，扣押货物等。美国人民当时想与英格兰开战，但他们没有十足的把握赢得战争。

1807年12月，美国总统托马斯·杰斐逊签署了一项《禁运法案》。与其持续受到英国的骚扰，不如禁止船只出海。但美国拥有广阔的大西洋和太平洋海岸线，很难不与其他国家进行海外贸易。根据当时记录，美国因贸易关闭措施，每年遭受的国内生产总值损失超过了5%。

与此同时，忍无可忍的美国于1812年宣布与英国开战。但宣战的时机并不理想。1814年，在与拿破仑的战争进入尾声后，英国海军大规模入侵美国。当时，美国首都华盛顿发生火灾，总统避难。幸运的是，英国也无力长期维持与美国的战争。在与拿破仑的战争中遭遇重大挫折后，英国政府无法忽视大众的反战舆论。

从这个史例可以看出，我们很难预测哪个国家会成为下一个超级霸主。霸权国家为了巩固自己的位置，很自然地会牵制潜在的竞争对手。

最近，美国财务长官珍妮特·耶伦（Janet Yellen）曾发表过以下意味深长的言论，其宗旨是牵制今后可能会发挥主要货币作用的、具有潜力的加密货币，并消除其威胁。"我们生活在诈骗、洗钱、数据安全、恐怖主义资金筹措等风险爆发的时期，随着新型冠状病毒的扩散，生活正转向网络，犯罪也在转向网络。……加密货币和虚拟资产的错误使用正在逐渐增加。"

总之，我反对将全部资产投入到加密货币上。但是考虑到在未来加密货币或许可以占据主导地位，实现惊人的价值上升，我建议投资者在拥有美元资产的同时，作为分散投资的一种方法，投资少量加密货币。

与多数经济学家不同，我不反对投资加密货币，是因为任何货币都不以实际价值为基础。正如历史学家尤瓦尔·赫拉利（Yuval Harari）在他的畅销书《人类简史》中指出的那样，人们具有相信实际不存在的东西的特性。1971年宣布美元跟黄金脱钩，保障纸币价值的体系被终结就是代表性的事例。1971年以前，一盎司黄金可兑换35美元，同时35美元随时可以作为一盎司黄金的支付担保。

但理查德·尼克松总统宣布关闭"美元—黄金兑换窗口"，布雷顿森林体系崩溃后，能保证纸质货币价值的只有人们心中的信任了。认为"美元是硬通货，所以安全"的人们会在经济不景气时选择买入美元，从而推动美元持续走强。

因此，每当人们对美元信心不足时，持有加密货币的倾向就会增加。我认为加密货币可以被考虑作为分散投资的对象。

⚜ 金钱趣谈

通过住宅负担能力指数判断住房市场泡沫水平

随着住宅价格持续上涨，住宅的购买力正在逐渐枯竭，最终导致供需均衡崩溃。也就是说，现在大多数韩国家庭很难再承受急剧上涨的住宅价格。那么，该如何衡量住宅价格水平呢？通过住宅负担能力指数，我们可以了解购房者的负担。住宅负担能力指数顾名思义就是测定各地区中等收入家庭贷款购买住宅时，需要承受的负担指数（即表示偿还贷款的指数）。

例如，如果住宅负担能力指数为 100 点，那么可以说中等收入家庭在购买该地区平均价格的住宅时，收入的 25% 用于偿还购房本息支出。也就是说，住房负担指数 100 点为"适当水平"。

从这个角度来看，以 2020 年第一季度为基准，韩国住宅负担能力指数为 49.7 点，可以说购房负担较低。相反，首尔的情况却大不相同。因为，首尔的住宅负担能力指数上升到了 132.2 点。也就是说，住宅购买负担比适当水平高出了 32% 左右。

虽然距离 2008 年创下的 164.8 点的高点还有很大一段距离，但像 2020 年一样的暴涨趋势持续下去，不久后该指数就会达到这个高点水平。因为在 2020 年一年间，首尔住宅的价格足足暴涨

了 12.3%。2020 年第四季度，首尔的住房负担指数一度上升到了
153.4 点。

　　总之，以韩国全国为基准，很难认为房地产价格被高估了。但
另一方面，首尔地区最近因房地产价格暴涨，需要警惕市场泡沫。

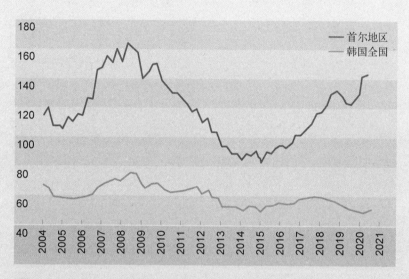

🪙 图 2-1　首尔地区和韩国全国的住宅负担能力指数走势

数据来源: 주택금융공사，2020 년 3 분기 기준，https://www.hf.go.kr/research/
portal/theme/indexStatPage.do

⑤ 金钱趣谈

美国国债收益率与韩国股市之间的关系

本书第二章介绍了投资美国国债的上市指数基金（ETF）的投资战略，我们在这里简单介绍其成果。假设一位投资者在 1981 年投资美国国债 100 万韩元后一直持有到 2020 年，该金额将达到 2 700 万韩元。换算成年收益率的话是 8.9%，可以说是非常高的

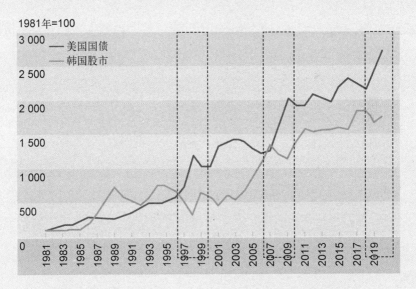

🪙 图 2-2　美国国债和韩国股市自 1981 年以来的投资收益率比较

数据来源: 블룸버그, 2020 年末기준, https://www.bloomberg.com

收益率。相反，如果同期投资韩国股市 100 万韩元并持有至 2020 年的话，那么该金额将达到 1 700 万韩元。韩国股市的年平均收益率也高达 7.62%，但不及美国国债。

从这个案例中可以看出，美国国债是收益率很高的资产。那么，什么时候持有美国国债会有较好的收益率呢？仔细观察就会发现一个非常有趣的现象。在 1998 年、2008 年和 2020 年，每当韩国股市面临巨大困难时，美国国债就出现惊人的收益率。

这三个年度的收益率分别为 63%、31% 和 11%。这就是我建议大家投资美元资产的原因。当韩国股票等韩元资产价值暴跌时，之前投资的美国国债将取得巨大回报。当然，如果您认为韩国资产被低估，可以全额出售美国国债后，重新买进韩国资产。

The History of Money

要不要投资韩国股市？

第三章

为什么韩国股市
如此大幅波动？

在我的油管（YouTuBe）频道，许多用户留下的众多评论中，有一条"是否要投资韩国股市？"这样的提问反复出现。对此，我最诚恳的答复是：

"可以，但不推荐。"

我对韩国股市持悲观态度的原因是，韩国股市的收益率非常极端。

如图 3-1 所示，从 1981 年到 2020 年，韩国综合股价指数的年收益率集中在−10% 到 10% 的水平上，且没有呈现"钟"形分布。比起以平均值为中心形成左右对称，更像是偏向于左侧的不对称形状。也就是说，最常见的收益率为−10% 至 0%。这意味着投资韩国股市，大概率十年中有四五年会收获负收益率。

看到这个图，读者们可能会产生疑问："出现负收益的概率如此之高，为什么韩国股市的平均收益率还会这么高？"这得益于取得非常极端成果的四个年份（1986 年、1987 年、1988 年和 1999 年）。但是这其中三次都是 20 世纪 80 年代的事情，这一点值得关

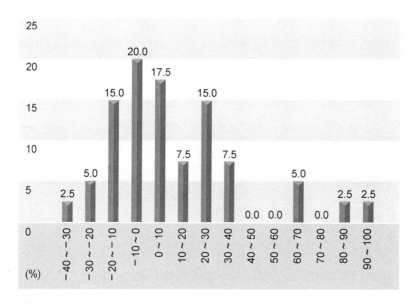

🪙 图 3-1 韩国综合股价指数（KOSPI）收益率分布（1981 年至 2020 年）

数据来源：截至 2020 年底，韩国银行经济统计系统

注。从 1990 年以后的收益率来看，韩国综合股价指数的年收益率
下降到了 2.7%。当然，股市有涨就有跌，所以随时都有可能再次
迎来像 80 年代一样的大上升趋势。但是要明白，怀着这个期待只
投资韩国股票的话，需要考虑很多方面。

　　最近的暴涨暴跌行情下，可能会有人好奇收益率会如何，2020
年的韩国综合股价指数涨幅为 5.41%。因为 2019 年年平均 KOSPI
指数为 2106 点，而 2020 年则达到了 2220 点。也就是说，在经历
2020 年 3 月市场暴跌后，年平均指数回升至大致与 2019 年持平的

水平。

那么韩国股市为什么不稳定？这是由以下两个因素共同影响造成的。

首先是韩国经济的结构性问题。

正如第二章所述，韩国是处于"鞭子"末端的国家，因此，出口的变化幅度非常大。从 2008 年全球金融危机后的统计结果来看，可以明确地了解这一点。2009 年的出口增长率为−13.9%，2010 年增至 28.3%。2015 年出口增长率为−8.0%，2016 年为 15.8%。出口量变动如此之大，企业的业绩也会跟着受到影响。

企业为了提高销售额，通常会准备很多生产设备和工人以及物流中心。如果出口量骤减，从企业的立场上看，固定费用会持续支出，因此业绩只能恶化。当然，优秀企业不会达到赤字。但是三星电子的净利润也从 2017 年的 58.9 兆韩元减少到了 2018 年的 27.8 兆韩元，利润几乎减少了一半，与当时的高点相比，其股价也下降了 30%。

第二个问题也会产生影响。即韩国的企业文化和股市风气。最有助于掌握韩国企业风气的数值就是"股息收益率"，股息收益率是指每股股息除以股价得利的比率。以 2020 年末为基准，韩国股市的股息收益率约为 1% 出头。如此低的收益率是因为 2020 年韩国的经济状况不佳，股息收益率非常低。

那么从 2000 年到 2019 年，韩国股市的年平均股息收益率是多少？答案是 1.7%，属于全世界最低水平。我们来看一看同期世界主要国家的股息收益率，英国为 4.77%，澳大利亚为 4.43%，美国为 1.83%。在韩国这样的低股息收益率市场，投资者们长期投资企业获得的利益并不会多。即使能确保稳定的收入，也很难忍受股票价格的暴涨暴跌，如果股息收益率只有 1% 左右，那就没有必要投资股票了。

因此，我建议大家不要以全部资产投资韩国股票，通过分散投资美国债券可以提高收益率并降低投资风险。当然，无论怎么分散投资也不能完全消除风险。努力避免一切风险，反倒可能会成为投资世界最危险的选择。因为，越是想不承担任何风险，那投资成果就会越低。例如，银行定期储蓄可能是最安全的投资方法，但在超低利率环境下，反而会造成实质性的损失。因此，我建议通过分散投资，在承受一定水平（例如 10 年一次的负收益率）风险的情况下，通过股票投资获得一定收益。

提高分红率才能
提振韩国股市

　　企业给股东分红可以看作对未来盈利能力的自信。因此，分红可以当作股价上行的利好消息，对个人投资者而言，分红可以成为了解一家企业风险的重要指标。

　　既然分红有积极影响，韩国的股息收益率为什么这么低？最直接的原因是韩国企业的控股股东的持股率相当低。实际上，以韩国 64 家大规模企业集团为基准来看，会长（控股股东）家族的股份只占 3.6%。

　　控股股东之所以能以如此低的股份持有率控制企业，是因为他们通过设立控股公司、拥有子公司的股份、回购本公司股票等方法确保了一致行动人的股份。但这又会引发很多问题。最大的问题是利害关系会发生变化。公司扩张需要本钱，因此，在创业初期，公司需要从控股股东及其他股东那里得到投资以推进新业务。当业务走上正轨后，公司一般都会以分红的形式向股东予以补偿。

　　问题是在控股股东的持股率低，其他股东的力量分散时产生的。因为从控股股东的立场来看，支付股息的瞬间，公司拥有的现金将对外流出。如果公司保留现金,可通过多种方法行使影响力,如果支付股息,只按照股份率分配,那么控股股东可能会认为自己遭受了损失。

再加上韩国在资产分红方面税金非常高,目前分红收入超过2 000万韩元的,将合算在综合收入中,予以最高46.4%的高税率征税。因此,韩国的控股股东们只能回避分红支付,通过在公司内部扩大自己的影响力,来实现利益最大化。它叫作"隧道行为"(tunneling)。顾名思义,是指控股股东在公司挖隧道,窃取公司利益的行为。

当然这种事情不会只发生在韩国。在美国也屡见不鲜。以奥利奥饼干和沙龙(salem)香烟闻名的消费品公司雷诺兹-纳比斯科(RJR Nabisco)的事例就是典型例子。布赖恩·伯勒(Bryan Burrough)等合著的《门口的野蛮人》(Barbarians at the Gate)① 讲述了雷诺兹-纳比斯科的故事,部分摘录如下。

> 雷诺兹-纳比斯科的首席执行官罗斯·约翰逊(F. Ross Johnson)用公司的钱向最高管理层提供了公寓,提供了麦迪逊广场花园的VIP入场券,还提供了乡村俱乐部的会员券。康涅狄格州一家乡村俱乐部新开业时,由于高尔夫球场的建造

---

① [美]布赖恩·伯勒,[美]约翰·希利亚尔.门口的野蛮人.北京:机械工业出版社,2010.

者是约翰逊的朋友，因此，标准品牌公司（Standard Brands）的高层干部中有 24 人获得了这里的会员券。另外，约翰逊身上总带着大量的小费专用现金。每年小费支出最多的时候就是圣诞节。所以约翰逊一到这个时候就会对秘书说："准备 50美元现金，大概要 1 英寸厚度，知道了吧？"

仅从这篇文章来看，当时雷诺兹-纳比斯科可以说是经营者的天堂。但是，从雷诺兹-纳比斯科的事例和韩国的情况来看，有一个明显区别，那就是企业收购合并（M&A）。因为世界级私募基金科尔伯格·克拉维斯·罗伯茨公司（KKR, Kohlberg Kravis Roberts & Co.）经过激烈的竞争，最终收购了雷诺兹-纳比斯科，之后进行了大规模的资产重组。雷诺兹-纳比斯科在 1988 年被 KKR 收购后经历了巨大变化，首席执行官的隧道行为也从此销声匿迹了。

但在韩国，企业并购并不是一件容易的事情。举例来说，不久前围绕韩国某大型航空公司的经营权攻防战最终朝着有利于控股股东的方向发展了。当然，我并非主张恶性并购是对投资者有利的事情，或者说是绝对正确的事情。但是，企业收购合并等外部压力经常会成为改变财务政策的催化剂。也就是说，控股股东为了抵抗敌对势力并保护好自己的经营权，确保行动一致的股东的数量，有可能采用扩大分红或利用回购本公司股票等政策。

长期投资三星电子等大蓝筹，能否大获成功？

从韩国股市的现状来看，大家应该觉得投资股票是一件非常困难的事情。但是希望大家不要将前面所讲述的故事理解为"绝对不要投资韩国股票"的意思。我认为韩国股市今后将成为相当有魅力的投资标的。特别是得益于"牛鞭效应"，预计出口前景得到改善的繁荣局面将推动股市强势上升。

我只是反对在韩国股市机械性地选择投资标的。比如说，集中投资韩国股市中最有名的企业。

在网络上、社区论坛上经常可以看到"挑选股票时有什么需要考虑的吗？只要无脑买下三星电子的股票埋起来就行了"这样的主张，听到这些话时，我心里很不舒服。因为在投资世界中，"不需要苦恼"这句话总是会带来转折。当然，我的想法可能也会出错。或许集中投资以三星电子为首的韩国绩优股，10年后可能会取得巨大成果。但是，回顾韩国股市的历史，这样的主张并不稳妥。

例如，如果追溯到6年前，假设有投资者在2015年投资了韩国市值前十名的公司，现在会怎么样？2015 年排名前十的公司中只有 5 家公司至今依然享受着"前十名"的位置（三星电子、现代汽车、SK 海力士、LG 化学、NAVER）。当时排在前十的韩国电力和三星物产、爱茉莉太平洋、现代摩比斯、三星生命却未能守住前十的宝座。如果追溯到 2007 年呢？当时前十名的公司中，至今只有 2 家公司依然保持着前十名的地位（三星电子、现代汽车）。浦项制铁公司（POSCO）和新韩金融公司等 8 家公司被挤出了前十。

这种现象发生的原因就是"竞争"和"变化"，即使是以前的绩优股，其被新的竞争者超越而失去活力的事情也时有发生。

另外，正如我们所目睹的那样，随着世界的变化，互联网、网络游戏及二次电池等领域的企业在市场上备受瞩目。因此，我很难认同买进一两家公司股票后，忘记并长期持有即可的说法。

仅从 2007 年的情况来看，三星电子的一位职员甚至说过这样的话："最近股市行情这么好，我们公司的股价为什么萎靡不振？"

2007 年的韩国股市除了与中国相关股票之外，其余股票都惨不忍睹。那是以现代重工业或 OCI 为代表的重工业及太阳能产业的主导股在市场最闪耀的时期。2015 年我也听过类似的话。当时，我持有的包括三星电子在内的股票业绩萎靡，甚至有人问："为什么投资像三星电子那样日落西山的企业？"当然，三星电子在 2017 年迎来过所谓的"半导体超级周期"，摆脱了之前的低迷，从新冠肺炎疫情冲击中恢复的 2020 年也迎来了所谓的 10 万电子时代。但也要记住,很多优秀的企业没能挺过危机而遭遇淘汰。

我们来整理一下第三章中提到的内容,韩国股市受出口的影响太大,而且重视股东的经营文化仍然没有成为主流,因此具有变动幅度很大的特性。

另外,我不建议集中投资三星电子等特定股票。因为 2000 年以后韩国股市曾两度陷入非常长的萧条局面,股市中的主导股时时刻刻会变化,因此有必要持续学习股票相关知识。尤其是不要盲目地买进别人推荐的股票。投资是需要按照自己的判断进行的,他人的建议应该仅作为参考。最重要的是,无论股票分析得多么好,市场环境也会时刻发生变化,供需条件也会随着发生变化,因此难免出现预测错误的情况。

正如前面强调的那样,我虽然赞成股票的长期投资,但比起将投资对象限定在韩国,更建议大家将对象分散到美国等发达国家。另外,笔者建议选定投资标的时,不必局限于股票,可提高美国国债等美元资产的投资比重。

⛏ 金钱趣谈

关注股息收益率高的公司

第三章提到韩国股市的股息收益率非常低，但这并不意味着"在韩国分红没有意义"。因为从图 3-2 可以看出，随着公司债券收益率低于 5%，股息收益率相对提高，所以当公司债券利率超过 5% 时，市场对只有 1% 至 2% 的分红收益率的关注度非常低。但

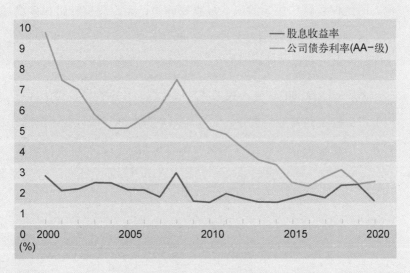

图 3-2　2000 年至 2020 年，上市公司的股息收益率和公司债券利率

数据来源：韩国银行经济统计系统，2020 年，http://ecos.bok.or.kr

是最近公司债券利率急剧下降，因此市场对支付分红企业的关注度又提高了。

公司债券收益率是指企业发行的债券的利率。企业通常从股东那里筹集资金（有偿增资）或通过银行贷款筹集业务所需资金，信用度高的企业可直接在债券市场发行债券。最近韩国企业发行的公司债券利率出现了下降，虽然也有信用度高的企业，但因为韩国银行的政策利率已下调至 0.5%，市场利率也普遍下降。

换言之，公司债券的利率和股息收益率接近，对股票参与者而言是一个很大的利好因素。在韩国这种不愿支付股息的环境下，高股息率公司的受欢迎程度将毫无疑问地上升。特别是，在 2020 年这种经济受严重冲击的时期，定期支付股息的公司很可能会获得更高的评级。

衰退时期的最佳
生存方式

第四章

韩国会成为下一个日本吗？

通过第三章的分析，我们可以总结如下投资原则：

首先，为了筹集种子资金，可以投资美国政府债券等抗跌资产。

其次，像 2008 年或 2020 年那样汇率上升，世界经济陷入衰退时，可兑现收益后，投资被低估的韩国资产（股票、不动产等）。

即使同意上述投资原则，有些读者还是会担忧韩国会不会陷入长期衰退，股市或房地产价格会不会持续下跌。

他们担心韩国经济会不会像 1990 年以后的日本一样经历长期的不景气。从结论来看，我不认为"韩国会成为下一个日本"。

最直接的原因是两国经济结构的差异。从韩国和日本的国内生产总值（GDP）中出口所占的比重来看，可以看出两国处于两个极端。以 2018 年为基准，韩国的出口比重为 41.7%，而日本仅为 18.5%。考虑到全世界出口的平均比重为 30.1%，很容易看出韩国是以出口为中心的国家，而日本是以内需为中心的国家。甚至在 20 世纪 80 年代末，日本被称为"Japan as No.1"（日本第一）的时期，其出口在 GDP 中所占的比重也只有 10% 左右。也就是说，

日本是典型的内需型国家，出口只起到辅助作用。这之所以能够
实现，是因为 20 世纪 80 年代末，日本的人均国民收入接近 3 万美
元，早已形成了巨大的内需市场。日本至今还拥有世界第三大内
需市场。

　　从资产市场角度来看，这种经济结构的差异具有重要的意义。
即使韩国经济因内部因素（政治混乱、家庭负债问题等）变得非
常困难，只要出口复苏，经济恢复的可能性也会很大。

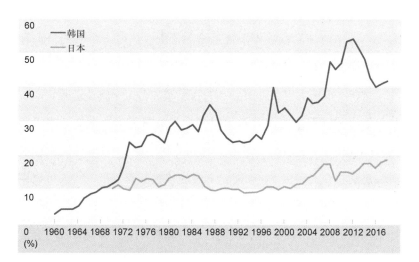

🪙 图 4-1　韩国和日本的出口在国内生产总值中所占比重

数据来源：世界银行数据银行，截至 2020 年底，https://databank.worldbank.org

　　如果日本的内需出现问题，经济将很难解决。出口所占比重一
直以来就很低，因此即使出口恢复，对整个经济的影响也不会太

大。最终，在 1990 年资产市场泡沫崩溃后，日本经济陷入长期不景气的泥潭的原因是资产价格下降导致家庭消费萎缩。也就是说，在家庭消费恢复之前，日本经济很难完全恢复。

当然，有人可能会提出"韩国的出口业绩有可能长期得不到恢复"。由于以下两个原因，我认为这种可能性非常低。

第一个理由是"汇率"。正如前面提到的那样，如果韩国经济发生负面事件，汇率就会上升。因为在韩国投资的外国人投资者会离开，韩国投资者也会提高安全资产的比重。例如，在 2020 年春天，韩国的外汇存款曾出现暴增的迹象。当时一个月内外汇存款余额增加了 67.8 亿美元。

当资产市场上"买入美元"的订单增加，汇率就会上升。而且从长远来看，汇率的上升对出口企业是有帮助的。例如，昨天美元对韩元的汇率为 1 100 韩元，但今天上升到了 1 300 韩元。假设有人想购买在美国以 1 000 美元上市的苹果新款手机，昨天可以以 110 万韩元的价格购买，但今天价格将上涨到 130 万韩元。同期，如果韩国新型 galaxy fold 手机的价格停留在 110 万韩元，那将会有比以前更多的人会想购买 galaxy fold 手机。因此，从韩国企业的立场来看，汇率的上升可以看作竞争力的改善。

当然，汇率变动并不意味着消费者价格立即调整。因为从企业的立场上看，频繁的价格变更多半会成为绊脚石。最重要的是，消费者对涨价产生排斥感的情况较多，而且从企业的立场来看，促销品的制作费用也比较高。

如果汇率维持了 6 个月或上升到更高的水平，企业也会慢慢下调产品价格，最终出口会增加。如果出口增加，不仅企业业绩得到改善，经常性收支顺差也会增加。经常性收支是指商品及服务等多种交易的结果统计。如果出现经常顺差，意味着向海外出口的商品及服务比从海外进口的更多，因此从整体来看，韩国将拥有更多美元或日元等海外货币。而且，企业将部分外汇兑换成韩元后，会从下游企业购买零部件或雇佣更多员工。因此，韩国国内经济将得到更多的资金补充。

韩国在经济不景气中能够挺住的第一个原因是汇率的上升，但还有其他原因。那就是"出口竞争力"呈现持续改善的趋势。在部分媒体或 YouTube 频道上经常可以看到那些主张"韩国已经完蛋了"的人士。实际上，我曾私下见过持有上述观点的某公司老板。当然，韩国的部分产业正在经历困境，偶尔也会出现企业破产的案例。有些人就草率地判断韩国经济已经崩溃，但实际上各类经济指标的数据都非常不错。

最具代表性的事例是，在彭博社评选的"2021 年世界创新指数国家排行榜"（彭博社创新指数）上，韩国荣居榜首。提供金融信息的媒体集团彭博社是数十年间在同行业中出类拔萃的可信任公司。金融圈人士在写研究报告时，无法想象没有彭博社的服务会是什么结果。彭博社不仅提供多种数据，还积极发表新闻和专栏，其中之一就是"世界创新指数国家排行榜"，在过去的 8 年里，韩国曾 7 次获得第一名。彭博社综合包括尖端产业集中度在内的多个指标，公布创新国家排名（详细内容请参考第四章《金钱趣谈·如何评价创新国家 / 地区排名？》）。

但是也有人不同意彭博社的这类排名。大家都说生活艰难，还会说不知道成为创新型国家又有哪些益处。我完全理解。但是为了拥有从萧条中恢复的力量，企业必须有核心的竞争力。为了研究这个问题，我们来回顾一下希腊的事例吧。

2009 年经历财政危机后，希腊经济面临巨大困难。2008 年希腊的人均国民收入为 3.2 万美元，到 2019 年已下滑至不到 2 万美元。

希腊经济为何会陷入如此长期的萧条？虽然有很多原因，但即使欧元贬值，除了海外游客流入外，对经济没有太大帮助的因素也产生了很大的影响。从希腊出口的主要产品来看，除了部分石油相关产品和铝等之外，找不到工业产品。奶酪、橄榄油、铜等占据了希腊出口的主要产品。相反，韩国的出口情况，与希腊完全不同。韩国的半导体、普通机械、汽车和钢铁产品等在出口排名中名列前茅。这些产品是世界需要的核心产品，而且竞争力日益提高，因此，美元对韩元的汇率上升的瞬间，出口量就会增加。

当然，如果这些核心产品的生产费用持续上升，竞争力可能会减弱。但是，韩国大部分出口企业的学习曲线（Learning Curve）比较陡峭。学习曲线是指每当产量增加时，产品生产单价以一定速度下降的现象。据报告，半导体等行业的生产单价几乎每两年会减少一半，飞机制造业的生产量每增加两倍时，生产单价就会下降 23%。

为什么会出现这种现象？原因有两个。第一是技术水平的不断提高。飞机组装数量越多，对劳动者的技术及合作水平的要求就越高，特别是工程技术的发展进一步促进这种现象。当然这不是一件容易的事情。但是无休止的竞争压力和甜蜜的经济补偿往往会提高劳动者的熟练度。可以说，世界级企业正在持续完成这类挑战。

第二是大量订购节约了费用。比起只生产一架飞机，同时生产四架飞机可在多方面节约费用，会更有效率。另外，随着生产量的提升，发动机等核心零部件的单价也会下降，这也是不可忽视的好处。比如说，与劳斯莱斯等世界级发动机制造企业协商时，企业可尝试用"这次订购 100 台飞机发动机，可以降低单价吧？"等话术谈判。

因此，在发布韩国"失去了竞争力"等言论之前，应该先了解一下主力出口产业的生产现状。虽然韩国经济可能会受到各种冲击，但汇率上升或世界经济回暖时，韩国经济具有迅速好转的潜力。另外，如果出口开始持续增加，整个经济就会开始回暖。

外汇危机的阴影正在
笼罩韩国经济

　　通过分析史实可以发现，韩国经济周期性经历衰退的可能性很高，但像日本一样经历 30 年长期萧条的风险较低。韩国人均收入（购买力评价标准）已经超过了日本，但我们的生活却没有好转，这一现象令人费解。为了研究这个问题，我们有必要了解一个事实，即"经济增长率"对劳动市场有着很大的影响。

　　例如，20 世纪 90 年代中期韩国经济增长率非常高，就业市场会很景气。相反，像 2008 年或 2020 年那样经济出现负增长时，就会出现严重的就业难。

　　1999 年，我在某证券公司工作时，公司发布招聘公告后不久便吸引了无数应聘者，他们具备资历，饱含热情，甚至让人好奇他们是从哪里来的优秀人才。后来，其中大多数人成为最佳分析师或登上了业界的顶峰，对此我感到欣慰。如果 1997 年外汇危机没有打击就业市场，我觉得很难见到他们。

　　这种情况对企业可以说是利好，但对求职者来说，这不得不说是令人恐惧的时期。

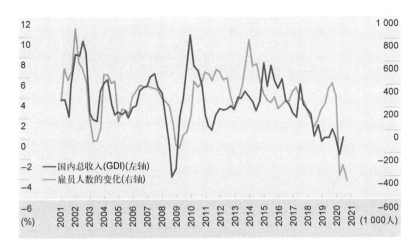

🪙 图 4-2 经济增长率和新就业人数的数量变化

数据来源：韩国银行经济统计系统，2021 年，http://ecos.bok.or.kr

　　遗憾的是，外汇危机以后，就业市场几乎没有出现过繁荣。因为韩国的经济增长率呈下降趋势。从 1960 年到 1997 年，韩国的人均国民总收入增长率为 12.4%，但从 1997 年到 2018 年的人均国民总收入增长率仅为 4.6%。再加上 2020 年受到新冠肺炎疫情冲击，人均国民总收入陷入了负增长。

　　经济增长放缓，未来前景不明朗时，劳动市场不可能景气。这是今后也会持续发生的事情。因为经济主体远不如以前那样自信。就像经历重大交通事故的人会逃避驾驶汽车，1997 年经历外汇危机后，企业开始忌讳大规模投资，政府也没有像以前那样积极推进财政政策。企业的投资不振和政府的财政缩减很有可能成为降低经济增长率、加重就业难的因素。

当然，并不是没有办法改变这种趋势。只要经济持续高速增长就可以改变这种趋势。代表性的例子就是 2005 年至 2009 年，中国经济快速增长，韩国也创下了相当高的经济增长率。这得益于造船、钢铁、太阳能等当时备受瞩目的产业进行了大规模的设备投资，增加了就业岗位。但是"景气是不景气的母亲"这句话后来也兑现了。

2008 年全球金融危机后需求萎缩，这些产业都陷入了供过于求的泥潭。遗憾的是，我们至今也没有看到相关产业的大规模招聘消息。

在这种情况下，经营者很难树立信心，他们担忧如果进行大规模投资，可能会遭遇经营困难。因此，除非将来出现长期繁荣，否则投资热潮将很难活跃起来。最终，韩国经济和劳动市场只能寄希望于"创业"，因为不仅用新技术武装的新生企业要积极聘用人才，而且实际上很多风险投资公司为了投资未来可能繁荣的企业排起了长队。2020 年 3 月，新冠肺炎疫情冲击以后，随着利率的下调，有人担心房地产或股票等资产市场形成泡沫，但这至少在培养创业生态界方面取得了很大的成果。期待像酷澎（Coupang）或 Sendbird 那样的独角兽企业（即成立时间不超过 10 年、估值超过 10 亿美元的未上市创业公司）数量持续增加，给整个韩国经济带来活力。

出口量增加也无法
挽救就业难

The History
of Money

　　读完第四章内容后，或许有读者会说"韩国没有希望了"，但韩国的未来并没有那么暗淡。不仅是初创企业，半导体、汽车、二次电池等主力出口产业在外汇危机后的地位得到了巩固，投资也很积极。最具代表性的例子就是半导体产业，包括三星电子在内的韩国半导体产业不仅每年进行数十万亿韩元的大规模设备投资，还在海外积极设立工厂。实际上，得益于这些企业，韩国经济的出口比重在急剧上升。

　　1996 年国内生产总值（GDP）中出口占比仅为 24.8%，但在 2012 年上升到了 54.1%。2014 年以后韩国的造船工业经济恶化，即使出口占 GDP 比重下降，但也维持在 40% 左右。总而言之，可以说韩国现在成了出口左右经济流向的国家。

　　当然，经济好转，出口情况好的时候，就业很有可能增加，但二者的变化情况并不完全一致。即使出口良好，就业不增加的现象也经常发生，第一个原因是出口产业的"就业诱发系数"正在逐渐下降。所谓就业诱发系数，是指在增加 10 亿韩元生产时（即生产 10 亿韩元财物时），测定新雇佣多少人的数值。韩国制造业的就业诱发系数从 2000 年的 10.1 名减少到了 2018 年的 4.7 名，特别是半导体产业的就业诱发系数同期从 4.5 名骤减到 1.6 名，汽车产业的就业诱发系数同期从 11.8 名下降到了 6.6 名。也就是说，即使出口增加，半导体或汽车产业的人员雇佣也没有增加。

这种现象发生的最主要原因是什么？那就是"信息技术革命"。追溯到 25 年前，我们来聊一聊我的经历吧。

我在某证券公司研究中心工作时，有一个绰号叫"Hong Excel"，从绰号中可以轻易推测出来，我比较擅长操作计算机。当时，每当同事们发现电脑出现问题或不会使用 Excel 时，都会向我求助。虽然工作经历只有三四年，但很多同事都会找我帮忙。那时信息技术革命刚刚开始，20 世纪 90 年代初期，互联网开始普及，随着 Windows 这一新的操作系统被引进，个人电脑普及到每个家庭。因此，熟悉电脑的新手们获得了很多机会。读研写硕士论文时，利用 Excel 和统计程序做实证分析的经验让我重生为"Hong Excel"，而当时更习惯手写的四五十岁职员们很难适应变化的环境。

从我的事例中可以看出，信息技术革命和金融市场的开放等劳动环境的变化对经济产生了两大影响：一是包括 Excel 在内的多种办公软件的使用，让生产效率大幅提高；二是不适应这种变化的人失去了工作。当然，并不是只有韩国经历了这样的变化。

经济学家大卫·奥托（David Autor）和劳伦斯·卡茨（Lawrence Katz）等人在 2006 年发表的论文指出，以 1990 年至 2000 年的熟练水平为基准，高收入工作岗位和低收入工作岗位增加，相反，中等收入水平的或需要中等水平技能的工作岗位却减少了。高收入工作岗位和低收入工作岗位同时增加的原因是，越是富有的人，时间价值就越高，所以他们将以前自己做的事情都交给别人去做。

另外，即使出口良好，雇佣也不会增加的第二个原因是全球化带来的变化。1990 年以来韩国政府实施的北方外交政策（韩国政府针对社会主义国家的外交政策），以及 2001 年中国加入世界贸易组织（WTO）后经济的快速增长，完全改变了韩国的工作岗位地图。

中国同胞（朝鲜族）纷纷前往韩国，而且朝鲜族移居劳动者带动了家人以及好友的出国热情，2019 年在韩国滞留 90 天以上的外国人增加到了 146.7 万名。最具代表性的例子就是在餐厅工作的阿姨们。

相比外国劳动者流入产生的巨大冲击，生产设备向海外转移带来的影响也不容小觑。在中国和越南以低廉的劳动力和地价积极吸引外国人投资的过程中，很多设备已漂洋过海。而且在中国和越南等地生产的低价产品迅速取代了韩国生产的产品。当然，在 2010 年之后，人工费和地价大幅上涨，工厂从中国转移到其他地方，预计会是到另一个新兴国家，但似乎不会回到韩国。

我们暂时回到过去，谈谈我的经历。1991年服完兵役后，为了筹集学费，我曾在建设工地做过日工，即"工地临时劳工"。当时大学学费是每学期50万韩元左右，在工地干活每月能赚到大约100万韩元。即使很累，但通过短暂的劳动，我可以缴纳学费，可以独自生活。但是这样的时期已经成为过去。如今在建设工地，外国劳动者占据了大部分日工工作岗位，而且工资几乎没有上涨。也就是说，由于全球化，原本属于韩国人的本土工作岗位消失了，工资也几乎没有上涨。随着与新兴国家的竞争越来越激烈，外国劳动者大举进入韩国的建设和餐饮业，劳动市场出现了严重的工资"两极化"现象。

那些在日益强大的出口公司工作的人将获得生产力提高带来的经济效益，但那些没有这种优质工作的人将继续与外国工人竞争。因此，韩国面临前所未有的收入不平等问题。2019年，一家员工数超过500人的大公司的平均年薪为6 274万韩元，而一家员工数为5至29人的小公司的平均年薪仅为3 734万韩元。

综合第四章的故事，我们可以总结出三个事实。第一，韩国经济在外汇危机导致的投资萎缩的情况下，增长率有所下降。第二，投资集中的半导体或汽车等创新产业仍然保持着高增长，但该领域的工作岗位并没有像期待的那样迅速增加。第三，随着信息技术革命的开展，生产效率提高，全球化影响加剧，建筑业和餐饮业等内需产业的工作岗位的竞争更加激烈。

考虑到以上情况，韩国的就业情况很难大幅好转。因为随着最低工资水平的上调，更多外国劳动者涌入韩国，而且主导创新的主力出口产业正在取消公开招聘，或逐渐减少招聘。

因此，我认为除了极少数有能力的人（以及幸运儿）之外，我们必须进行积极的投资。当然，试图转行到好就业的职业，例如医疗保健或电脑相关行业也是很好的方法，但是转职或专业的转换对很多人来说是非常困难的事情。仅从我的情况来看，从本科史学系毕业升入研究生转学经济学专业（而且是计量经济学）时，我非常辛苦，这种辛苦难以用语言来形容，我还重新学习过高中数学。30 年前这是一件难事，现在也不可能变得容易。为了弥补过去 30 年间各业界积累的经验，转行者需要付出更多的努力。

大家应该理解了我强调投资的理由。如果是投资经验不多的二三十岁的人，我推荐大家用美元资产筹集种子资金后，在经济危机到来时好好进行投资。

⊛ 金钱趣谈

如何评价创新国家／地区排名？

当彭博社在进行"创新国家"排名时，使用了 7 个细分指标：

- 研发投资
- 制造能力
- 生产效率
- 尖端技术密集度
- 高等教育效率
- 研究员比率
- 专利注册

先从七个细分指标中的第一说起。研发投资是衡量每个国家对研究和开发的热情程度。按照投资总额，韩国排名第五，如果考虑经济规模因素，韩国的排名仅次于以色列，位列世界第二。第二个指标"制造能力"衡量了制造业在经济增长中的贡献度，韩国该指标仅次于爱尔兰，位列世界第二。韩国在尖端科技密集度方面位列世界第四。预计排名将继续上升，因为韩国正在推动高

表 4-1 彭博社 2021 年创新指数排名

2021排名	2022排名	排名变化	经济体	总分	研发投资	制造能力	生产效率	尖端技术密集度	高等教育效率	研究员效率	专利注册
1	2	+1	韩国	90.49	2	2	36	4	13	3	1
2	3	+1	新加坡	87.76	17	3	6	18	1	13	4
3	4	+1	瑞士	87.60	3	5	7	11	15	4	18
4	1	−3	德国	86.45	7	6	20	3	23	12	14
5	5	0	瑞典	86.39	4	21	12	6	7	7	21
6	8	+2	丹麦	86.12	8	17	3	8	22	2	23
7	6	−1	以色列	85.50	1	30	18	5	34	1	8
8	7	−1	芬兰	84.86	11	12	17	13	14	10	10
9	13	+4	荷兰	84.29	14	26	14	7	25	8	9
10	11	+1	奥地利	83.93	6	9	15	23	16	9	15
11	9	−2	美国	83.59	9	24	5	1	47	32	2
12	12	0	日本	82.56	5	7	37	10	36	18	11

续　表

2021排名	2022排名	排名变化	经济体	总分	研发投资	制造能力	生产效率	尖端技术密集度	高等教育效率	研究员效率	专利注册
13	10	-3	法国	81.73	12	39	12	2	26	21	16
14	14	0	比利时	80.75	10	23	16	15	43	14	13
15	17	+2	挪威	80.70	15	49	4	14	5	11	24
16	15	-1	中国	79.56	13	20	45	9	17	39	3
17	16	-1	爱尔兰	79.41	35	1	2	12	42	17	39
18	18	0	英国	77.20	21	44	25	17	4	20	22
19	20	+1	澳大利亚	76.81	20	55	8	16	10	31	7
20	19	-1	意大利	76.73	26	15	28	21	41	25	12
21	22	+1	加拿大	75.98	22	35	21	25	37	22	5
22	21	-1	斯洛文尼亚	73.64	18	8	27	41	11	16	27

数据来源：彭博社，《韩国引领世界创新，美国跌出前十名》，2021 年 2 月，https://www.bloomberg.com/news/articles/2021-02-03/south-korea-leads-world-in-innovation-u-s-drops-out-of-top-10?sref=GuNCfwqq

科技产业增长，包括半导体、二次电池、显示器和智能手机等尖
端产业。第六个指标"研究员比率"韩国位列世界第三，该指标
用于衡量研究和生产配套设施的发展程度。2014 年至 2018 年，
韩国首尔-水原城市群成为日本东京-横滨城市群、中国粤港澳大
湾区之后的全球第三大城市群。韩国的第七项专利注册在世界排
名第一。这些数字是根据国家大小来衡量的。在绝对规模上，中
国是专利注册排名第一的国家。

　　让我们看看韩国排名较低的类别。第三项指标"生产效率"
是每名员工的工作产出，韩国位于第 36 位。自 20 世纪 50 年代末
以来的 60 年来，韩国经济一直在增长，但生产力尚未赶上那些在
过去 100 年或 200 年中稳步增长的发达国家。第五个指标"高等
教育效率"，韩国仅排世界第 13 位。虽然韩国的大学入学率很高，
但在教育水准和研究成果方面与世界顶级大学仍存在差距。新加
坡是世界上高等教育效率最高的国家，拥有许多世界顶尖的大学，
包括新加坡国立大学和南洋理工学院。令人惊讶的是，该指标立
陶宛位列世界第二，葡萄牙位列世界第三。为了保持未来持续位
居世界第一创新国家的地位，韩国不仅要在那些传统强势领域做
得更好，而且还要在生产效率和高等教育效率方面做得更好。

⟳ 金钱趣谈

自由贸易对经济有何影响？

　　最能帮助我们理解全球化发展速度的是跨国关税税率。如图 4-3 所示，新兴国家的关税税率在 20 世纪 90 年代初约为 40%，但在 2010 年以后降至不到 10%，而同期发达国家的关税税率也从大约 5% 降至 2%。关税税率的持续降低会加深经济不平等。如果在海外的低价产品被推出的情况下，关税降为零，那么韩国的

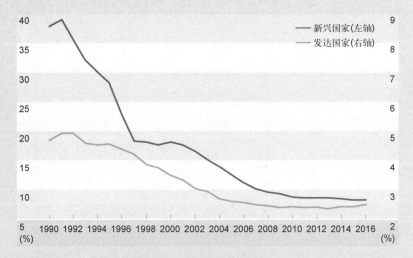

🪙 图 4-3　发达国家和新兴国家的平均关税趋势

数据来源：世界银行数据库，2020 年，https://databank.worldbank.org

内需型企业将被淘汰。特别是，由于韩国有很多的中小企业，降低关税税率可能是由于一系列破产和结构调整造成的。另外，出口型公司受益于较低的关税税率，政府在降低本国关税税率后，很可能同时要求贸易对象国家也降低该国的关税税率。因此，企业进入海外市场的可能性将会增加。

最终，大公司员工的收入可能会增加，但中小型公司的员工在内需市场上的处境可能会恶化。

然而，自由贸易的积极影响不容忽视。自由贸易的直接收益意味着各国可以获得价格较低的商品，这些商品在韩国要么太难生产，要么生产成本过高，例如，当下韩国最受欢迎的葡萄酒产于智利。自由贸易的第二个好处是民众可以享受产品多样性，消费者可以在购买商品时有更多的选择（如美国智能手机和韩国智能手机），这对消费者而言好处很大。自由贸易的第三个好处是可以提高生产力。如果三星的智能手机和苹果公司的智能手机展开激烈的竞争，为了在竞争中生存，企业的生产力将会提高。此外，它还可以通过加强内需公司的竞争力来开拓世界市场。

🪙 金钱趣谈

人口下降将如何影响资产市场？

2020 年韩国的新生儿数量只有 27 万，人们对"人口下降"的关注日益增加。此外，根据韩国公共行政与安全部发布的居民登记人口统计数据，截至 2020 年 12 月，韩国的登记人口数量比 2019 年减少了约 2 万人，这是一个巨大的冲击。

人口的下降将如何影响房地产和其他资产市场呢？有人认为，韩国房地产市场将会崩溃，且无法挽回；还有人则说，不会像 1990 年以后的日本那样产生重大影响。我并不认为房地产市场和人口变迁史有非常密切关系。

我在 2017 年出版的《人口与投资的未来》（인구와 투자의 미래）一书中详细介绍了这一主题，经研究很难发现人口比韩国下降得更早的国家其房地产价格会出现大幅下跌的迹象。

即使在日本，人口下降和房地产市场之间的关系也不明确。特别是自 2005 年前后房价触底以来，日本东京的公寓价格一直稳步上涨。导致这种情况原因是什么呢？最直接的原因之一是利率。对主要发达国家而言，人口的减少可能会减缓通货膨胀。

在图 4-4 中，纵轴表示过去 20 年（2001 年至 2020 年）的

平均通货膨胀率，横轴表示同一时期总人口的年平均增长率。从
图中可以看出，人口的减少意味着价格上涨的压力会下降，而人
口增长率较高的国家的物价上涨率会更高。

　　出现这种情况的最终原因还是"生产力"。由于生产力的提高
和投资的影响，经济能力或提供货物或服务的能力稳步提高，而
需求却因人口的减少而降低。通货膨胀率上升放缓很可能增加利
率下降的可能性，而利率的下降是增加房地产或股票投资杠杆率

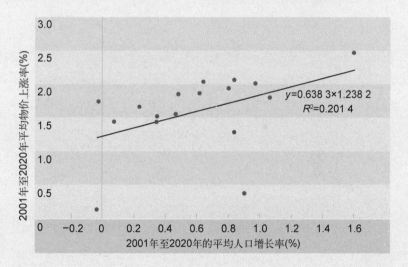

图 4-4　2001 年至 2020 年期间，17 国人口增长率与通货膨胀率之
间的关系

数据来源：国际货币基金组织（IMF）世界经济展望报告，https://www.imf.org/en/
Home

注：17 个国家分别是，澳大利亚、比利时、加拿大、瑞士、德国、丹麦、西班牙、
芬兰、法国、英国、意大利、日本、荷兰、挪威、葡萄牙、瑞典、美国。

的一个因素。此处，有不少读者可能提出这个问题。"如果随着人
口的减少，经济增长率上升放缓，资产市场的需求也会下降吧？"
这是一个好问题，但人口增长和实际收入增长之间的关系并不保
持一致。

　　图 4-5 显示了 17 个发达国家的人口变化与人均实际收入之间
的关系。

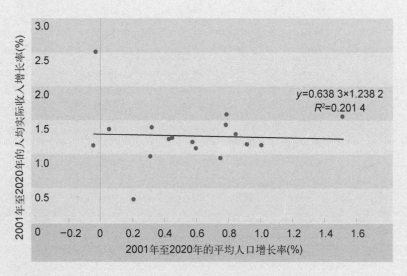

📊 图 4-5　2001 年至 2020 年人口增长率与人均实际收入增长率之间
　　的关系

数据来源：国际货币基金组织（IMF）世界经济展望报告，https://www.imf.org/en/
Home

注：17 个国家分别是，澳大利亚、比利时、加拿大、瑞士、德国、丹麦、西班牙、
芬兰、法国、英国、意大利、日本、荷兰、挪威、葡萄牙、瑞典、美国。

我们可以看到，人口变化对实际收入没有重大影响。虽然由于人口下降，经济状况可能会变差，但人均收入并没有受到很大影响。换言之，人们越来越富裕，他们倾向于选择更好的地段和更好的住房条件，因此即使人口变少，房地产价格也可能上涨。当然，随着人口的减少，空置房也会增加，但就整个社会而言，房地产价格会不会下降，这是值得思考的问题。就日本而言，很难认为人口不断减少一定会导致空置房数量增加。股价也同样如此。韩国股市对出口非常敏感，但很难认定它对股价或人口增长产生了巨大影响。

The History of Money

第五章

提前掌握经济
危机的信号

当心过度贷款的危险

若想解读经济趋势并预测危机，我们应该观察什么？我们还需要怎样努力，才能应对经济危机？为此，我们需要了解几个经济指标，但我们首先要谈论的是有没有出现"一边倒"的局面。

2008 年初，我在一家银行工作时，一位高层人士召开了经济展望会议，很多专家就今后的经济将如何发展进行了讨论，当时出现了"一边倒"的局面，令人难忘。除我之外，几乎所有的专家都表示："中国会继续发展，考虑到地理条件和产业的关系，韩国的对华出口也将持续增加，韩国经济也将稳定高速发展。"

换句话说，经济增长率将保持稳定和高水平。

但所谓的"高原经济"这个词反响不怎么好。因为在 1929 年美国大萧条之前，这种乐观论随处可见，被称为美国经济学界大师的耶鲁大学教授欧文·费雪（Irving Fisher）在 1929 年 10 月 14 日的投资者聚会上自信地说："股市看起来达到了一个永久的'高原'。"但是 10 天后出现了宣告大萧条开始的"黑色星期四"（Black Thursday），然后在接下来的 3 年里，道·琼斯指数暴跌

80% 以上，出现了最糟糕的熊市。像欧文·费雪教授一样非常有影响力的人物在大众面前看好未来，对经济前景持乐观态度，反而是一个消极信号。因为这会引发消费热潮，市场利率将会上升。2008 年 3 月，韩国银行的定期存款率达到 5.3%，反证了当时韩国经济的繁荣。也就是说，如果不提供这种程度的利率，大多数人都会热衷于消费和投资，甚至不存款。当市场情绪一致时，导致经济崩盘的另一个原因是"供应过剩"。

2008 年初，钢铁、造船、机械等韩国对华出口相关企业的股价持续上涨，同时这些企业也是非常活跃的投资者。最具代表性的就是太阳能行业。人们对绿色环保成长型企业的期望值高涨，对太阳能行业进行了激进的投资，但在此后的十年里，多晶硅供应过剩，价格下降。当然，企业对太阳能的需求并没有减少，问题是过于激进的投资导致的供过于求。

因此，我认为当德高望重的专家自信地说"经济将长期景气"，且人们赞同这一观点，不进行反驳的时候可能就是最危险的时刻。

另一个经常导致经济衰退的因素是"过度贷款"。一个具有代表性的案例是 2002 年至 2003 年的信用卡危机。直到 2001 年，韩国信用卡公司一直非常重视借款的信用风险，逾期贷款利率低于美国信用卡公司。但是这之后，韩国的信用卡行业坠入了深渊。

由于贷款拖欠率提升，即无法准时偿还本金或利息的顾客数量增加，信用卡公司蒙受了巨额损失。金融机构为应对未来的损失而准备的资金被称为"坏账准备金"，坏账准备金从 2001 年末的 2.3 兆韩元增加到 2002 年末的 7.3 兆韩元。

那么，当时韩国信用卡行业为什么会陷入一场巨大的危机呢？最直接的因素是"放宽限制"。2000 年之前，人们想要获得信用卡，必须有严格的资格证明。但是在 2002 年一年内，韩国发行的信用卡数量超过了 2 亿张，信用卡使用金额也从 1999 年的约 90 兆韩元膨胀到 2001 年的 443 兆韩元。

信用卡发放和使用金额剧增的原因是当时韩国政府积极推行鼓励使用信用卡的政策。例如，政府采用了使用信用卡减免所得税制度，并废除了每月 70 万韩元的现金服务限额。结果，各大信用卡公司为了吸引顾客，展开了过度的竞争。当时我为了跳槽需要拿到毕业证书，久违地访问了母校，却吓了一跳，因为信用卡公司的街头销售人员从学校正门排起了长队。

当时，韩国政府采取促进信用卡使用政策的原因是从 2000 年经济增长开始放缓。在互联网经济泡沫破灭的情况下，韩国政府以刺激内需经济为目的，促进了信用卡的使用。当然，政府也想通过促进信用卡的使用，准确掌握个体户的销售情况，缩小地下经济的规模。但信用卡使用额在短时间内爆发性地增加，不具备经济能力的人拖欠还款的现象急剧增加。2000 年，商业银行拖欠信用卡还款的比率为 7.7%，但在 2002 年，这一比率上升到了

8.6%，信用黑户人数达到 186 万。

信用卡危机严重冲击了经济。最终，商业银行和信用卡公司的经营陷入了困境，政府的监督变得严格，各大金融机构也限制使用信用卡，从而引发了连锁性的恶性循环。当银行或信用卡公司突然通知"无法延长贷款期限"时，有多少家公司或家庭可以轻松偿还这笔贷款呢？

因此，由于制度变化等原因，贷款突然增加时，可能会迎来短暂的经济繁荣，但之后常常会一落千丈。如果有读者想了解贷款热潮涌现后即将消退的征兆，建议参考第五章的《金钱趣谈·如何判断过度贷款热潮即将消退的迹象？》。

综上所述，笔者所讲的核心是在贷款大幅增加的情况下，拖欠率上升，这是一个非常危险的信号。

外部冲击触发衰退的风险

除了市场情绪一致，过度贷款以外，还可能出现巨大的"外部冲击"，如战争或传染病等因素，也会造成经济萧条。具有代表性的案例就是 1979 年的第二次石油危机和 1991 年的海湾战争，以及 2020 年的新冠肺炎大流行。这些外部冲击可能引发萧条的主要原因有两个。在此，我以战争为例进行说明。

第一个是"不确定性"。我们不知道谁会赢得战争。战争各方都坚信自己会成为胜利者，并以此展开各种各样的宣传战，外部人员很难预测谁能取胜。因此，战争本身就给市场带来强烈的冲击。在 1991 年的海湾战争中，很多人预测伊拉克共和国卫队拥有中东最强的战车，可能会对美国主导的多国部队构成巨大威胁。然而，海湾战争最终以多国部队的压倒性胜利而告终。我多次强调，我们并不了解世界，而且我们经常扭曲记忆，就像是"我们感觉自己理应知道"一样。

外部冲击导致经济萧条的第二个原因是通货膨胀。战争和军队实际上是"碎钞机"。想要赢得战争需要丰富的资源，训练和武装大量军人，维持这些武装力量需要巨额费用。越是经常爆发战争的地方，资源就越丰富。我们知道，中东和里海沿岸频繁发生战争归根结底是为了争夺石油资源。

因此，当战争爆发时，经济首先会出现如下现象。第一，战争可能会使大家对未来充满恐惧，消费也会因此萎缩。因为我们消费的是企业生产的商品，这最终会引发经济的恶性循环。

企业在消费萎缩的恐慌中解雇工人，下岗工人再次减少消费，经济活动也因此而萎缩。在这种外部冲击下，韩国很可能会面临双重困难。不仅对发达国家的出口业务会减少，外国投资者也会离开，股市暴跌的危险会增加。

第二个是利率会上升。战争造成的通货膨胀将直接带动利率的上升。例如，物价上涨率为2%时发行的债券，当利率达到4%时，就会变得很抢手，但如果物价上涨率达到5%时，如果不提供更高的利率，银行就很难发行债券。因为我们无法像往常一样靠4%的利息来维持通胀。如果物价上涨5%，而利率上涨4%，那实际上的利率是−1%。因此，当通货膨胀发生时，利率会上升，而利率的上升将导致股票、房地产和整个经济需求的强烈萎缩。也就是说，工资在下降，物价反而一直在上升。整个经济的需求萎缩，工资在下降时，若利率上升，企业和家庭都将遭受重创。因此，在战争等外部冲击全面发生之前，特别是当这些外部因素的前景不确定时，经济萧条的风险就会增加。

近几年的新冠肺炎疫情与战争和恐怖主义有相似的一面。2001年，一系列针对美国的恐怖袭击事件（9·11恐怖袭击事件）发生后，经济急剧萎缩。被劫持的飞机冲撞华盛顿五角大楼和纽约双子塔的画面令人震撼，但更恐怖的是人们不知道谁会成为下一个被攻击的对象，鉴于此，人们都打消了出行的念头。在这方面，2020年开始的新冠肺炎疫情与9·11恐怖袭击事件有着相似的特征。人们因畏惧新冠病毒，缺乏对新冠后遗症及其致命程度的信息，因而搁置出行计划。

但从历史上看，外部冲击，如战争、恐怖袭击和传染病，并没有对经济产生长期的负面影响。战争和恐怖袭击的影响往往集中在很短的时间内，而且如果政府迅速采取行动，就可以加快经济复苏的进程。新冠肺炎疫情对经济的影响也展现了这一点。根据国际货币基金组织（IMF）2022年发布的关于经济前景的报告，世界经济已经摆脱了2020年−3.3%的负增长，在2021年增长了6.0%。当然，我们无法确定未来的前景，但多数世界顶级经济学家对经济前景较为乐观。原因是，各国政府实施了积极的经济扶持措施。如美国和欧洲等大多数发达国家都将利率降至零，执行大规模财政扶持政策。受此影响，企业破产数量减少了，出现了每户家庭储蓄额增加的奇观。而增加的储蓄流入股票和房地产等资产市场，导致价格上涨。所以当外部冲击导致经济萧条时，我认为没有必要过于悲观。

长期和短期利率的倒挂
意味着衰退的开始

当经济波动时，利率的重要性就凸显出来了。鉴于此，我们将研究一项关键指标"长短期利率差"，这将有助于我们预测经济方向。

虽然我们之前在以债券举例时，只提到期限很长的债券，但是债券市场上有多种不同期限的债券。不只有 3 个月到期的债券，还有交易 30 年到期的债券。这些债券期限不同，利率不同。

例如，3 个月期的国债利率为 0.5%，而 30 年期国债利率为 2.2%。

长期债券的高利率是由两个原因导致的。首先，投资者在投资长期债券时往往要求更高的利率，因为他们不知道 30 年后会发生什么。其次，投资者不愿购买长期债券，因为长期债券的价格波动较大。长期债券利率高于短期债券利率的原因，我们会在第五章的《金钱趣谈·为什么长期债券利率高于短期债券利率?》中讨论。此处，我们将重点讨论长期和短期利率的倒挂。

一般来说，长期债券利率会高于短期债券利率，但是每隔 10 年会出现一次倒挂。换言之，短期债券的利率将高于长期债券的利率。这种现象被称为"短期利率和长期利率的倒挂"。每当发生这种情况后，经济都出现了衰退。

长期和短期利率出现倒挂的原因是，由于前文讨论的三个风险因素（过于乐观的经济前景，贷款拖欠的风险，战争等外部冲击），债券基金管理人员对未来经济前景的预测发生了变化。

由于个人很少投资期限为 10 年或 100 年以上的债券，长期债券的主要投资者为银行、保险公司和养老基金等机构。机构的基金管理人员需要对自己的投资业绩负责，所以他们不得不持续关注经济的长期前景。如果前面讨论的因素导致通货膨胀和新发行债券的利率飙升，他们可能需要对投资失败的结果负责。因此，长期债券投资者对经济形势的变化非常敏感。简言之，长期债券投资者可以说是经济哨兵。

但是，如果这些投资专业人士觉得未来经济前景非常暗淡，他们会怎么做呢？如果他们判断，未来利率将进一步下降，他们将尽力购买以前发行的高息长期债券。例如，100 年期债券 B 的利率为 5%，而将于明年发行的 100 年期债券 C 的利率预期只有 2.5%，那么购买 B 债券是个好主意。随着投资者持续购买的势头，B 债券价格将会上涨。因此，当未来的经济前景暗淡时，长期债券的利率将下跌，而以往发行的长期债券的价格将上升。另外，短期债券 A 的价格也会受到中央银行政策的影响。

中央银行决定短期金融市场交易的债券的利率，例如回购协议（RP）利率，被称为"政策利率"。韩国一年召开八次的金融货币委员会决定的政策利率就是"短期债券利率"。因此，拥有相似期限的国债利率也会和政策利率一起变动。在债券市场的参与者看来，短期利率高于长期利率意味着"如果维持目前的政策利率，市场很快就会迎来经济萧条"。

让我们来看看 2018 年的经济形势。当时，美国和中国之间的贸易摩擦增加了不确定性，美联储继续上调利率。政策利率从 2018 年初的 1.5% 上升到年底的 2.25%。在美联储看来，美国经济过热，物价上涨压力加大。但是，随着利率的继续上升，股市开始下跌，债券市场参与者开始购买长期债券，因为他们认为经济可能即将开始衰退。例如，在经济繁荣时期，利率为 3.0% 的 30 年期债券不会有很大吸引力，但在经济学家预计经济开始衰退时，将会成为一种非常有吸引力的商品。因此，从 2018 年下半年开始，美国 10 年期国债利率下降到 2%，长短期利率的倒挂现象正式开始。（最近的长短期利率差的动向请参考第五章的《金钱趣谈·如何确认美国长短期利率的走向？》）加之 1 年后的 2020 年初，新冠肺炎疫情冲击开始了，长短期利率的倒挂现象并没有导致经济萧条，但在经济条件如此恶劣的情况下发生的新型冠状病毒大流行成为经济萧条的导火线。

我们来总结一下第五章的内容，若市场情绪一致，对经济的乐观论会扩散，借助宽松的融资条件，过度贷款现象此起彼伏，市场遭遇战争等外部冲击后，债券市场参与者的悲观论四起时，长短期利率就会出现倒挂。而且，长短期利率出现倒挂时，汇率会暴涨，并经常伴随着出口前景恶化的问题。

尽管如此，值得庆幸的是，长短期利率倒挂后，过一至两年才会引发经济萧条。因为经济好的时候政策利率会上调，长短期利率也会倒挂。当经济运转良好时，大体上一致的市场情绪形成，此时主张未来经济前景暗淡的言论几乎没有被媒体报道过，而且经常被无视。

因此，当长短期利率差出现负增长时，最好逐渐减少风险资产的比重，提高美元等安全资产的比重。相反，长短期利率差扩大时，市场上担忧经济不景气的负面情绪会得到缓解。这时，可以逐渐减少安全资产的比重，投资低价的股票或房地产。

⊕ 金钱趣谈

如何判断过度贷款热潮即将消退的迹象？

从 2002 年至 2003 年的韩国信用卡事件和 2006 年至 2008 年的美国次贷危机等事例中可以看出金融危机会带来多么可怕的后果，特别是考虑到最近韩国家庭负债急剧增加，有些人开始担心韩国会再次经历金融危机。

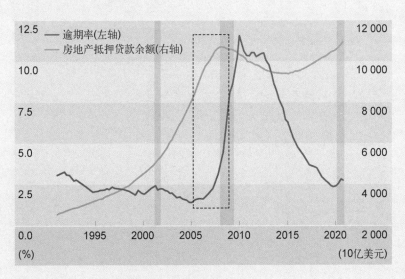

图 5-1　2006 年至 2008 年美国房地产抵押贷款余额及逾期率趋势

数据来源：美国圣路易斯联邦储备银行，FRED，2020，https://fred.stlouisfed.org/graph/?g=BG4b

对"逾期率"（delinquency rate）的统计有助于研究这些问题。

从图 5-1 可以看出，美国房地产抵押贷款持续增加的 2006 年至 2008 年，逾期率上升了。房地产抵押贷款在持续增加，但无法偿还债务的人数却在增加，这暗示着金融机构给那些难以偿还贷款的人（即没有偿还债务的能力或根本没有偿还债务意识的人等）无差别地进行了贷款。实际上，从 2007 年末开始，美国的住宅价格开始急剧下降，以 2008 年春天为节点，金融机构的经营情况开始恶化。

⊕ 金钱趣谈

为什么长期债券利率高于短期债券利率？

　　为了探究长期债券利率高于短期债券利率的原因，我们以每年提供 5 韩元利息的 100 韩元债券（本金为 100 韩元）为例进行说明，来看一下某年 1 月 1 日韩国政府以同样的条件发行"1 年期债券 A"和"100 年期债券 B"的情况。如果那年夏天国际油价突然暴涨，通货膨胀压力增大，7 月发行的"100 年期债券 C"的利率达到 10%，会发生什么事情？

　　这时，100 年期的债券本金几乎没有意义。因为如果每年发生 2% 至 3% 的通货膨胀，债券的实际价值就会大幅下降。我在1993 年第一次工作时的工资是 100 万韩元，这是非常高的工资，一部分钱可以交月租，一部分可以存起来。

　　但是，以 30 年后的现在为基准，这连最低工资水平都达不到。这就是通货膨胀的可怕之处。因此，期限较长的债券每年给予多少利息非常重要。在上述例子中，新债券 C 发行后，之前发行的债券 B 的人气将跌至谷底。债券 C 支付 10% 的利息，如果债券 B 不进行利息调整，市场将无法进行交易。最终债券 B 的价格会下降到 50 韩元。因为只有债券价格下降到 50 韩元才能达到

10% 的利率。

相反，短期债券 A 不会受到太大的影响。反正期限只有一年，持有短期债券 A 的人到年末，只要拿到约定的本金和利息就结束了。因此，债券 A 的价格不会受到市场利率变动的影响。

通过这个事例我们可以了解一个事实，一般期限较长的债券（B 或 C 债券）会提供比期限较短的债券（A 债券）更高的利率。因为如果给同样的利息，谁都会购买期限短的债券 A。

💰 金钱趣谈

如何确认美国长短期利率的走向？

为了确认美国的长短期利率差异，我们可以在搜索引擎上输入"us 10 2"进行搜索。这里的"10"是指 10 年期国债利率，"2"是指 2 年期国债利率。两个国债是拥有多种期限的美国国债中交易量最多的债券，在测定长、短期利率时经常使用。输入以上用语，便可查到这些数据。图 5-2 展示的是 1980 年以来的长短期

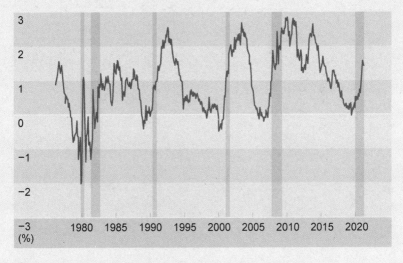

💰 图 5-2　1980—2020 年长短期利率差距与经济循环的关系

数据来源：美国圣路易斯联邦储备银行，FRED，2021 年，https://fred.stlouisfed.org/graph/?g=BFli

利率差距和经济循环的关系。图表内的阴影部分表示的是经济不景气时期。

通过图 5-2，我们可以发现长短期利率发生倒挂后经济萧条随之而来。幸运的是，截至 2021 年 4 月末，长短期利率差距正在急剧扩大。因为对经济恢复的期待越来越高，再加上美联储的货币供给扩大将引发通货膨胀的预测，长期利率正在上升。但即使几年或十几年后，长短期利率差距再次回到负值时（长期利率低于短期利率时），我们也要认识到经济进入萧条期的危险性在增加，最好采取适当的应对措施。

The History of Money

第六章

掌握买入稳健收益资产的时机

关注大股东回购股票的公司

　　像 2020 年 3 月或 2018 年 12 月，股市暴跌时，市场出现许多被低估的企业。但如果只因股价便宜而随便挑选股票的话，结局可能会很狼狈。因为，在经济萧条时，估值便宜的企业其业绩往往不可持续，甚至可能会倒闭。那么，当股市暴跌时，应该买入哪些企业的股票呢？

　　虽然有很多选股标准，但我将公司内部人员回购股票的企业作为最优先考虑对象。内部人员是指企业内部了解情况的相关人员，当然职员也属于内部人员，不过这里特指集团总裁及其直系亲属，以及首席执行官等参与企业最高决策过程的人或有关人员。

　　2002 年，我在某集团旗下的证券公司工作，这成了我关注"内部人员买卖"的契机。当时，某集团的控股公司（该公司相当于其他子公司的母公司）股价跌破 2 000 韩元后，不断地下跌。因为公司进军多个新领域无果，最终清理了几个领域的相关部门，业绩遭受了巨大的损失。也就在那时，公司公布了控股公司股东子女的股票赠予公示。

上市企业的公示内容中，大股东的股份变动，尤其是对子女的股票赠予公示非常重要。因为家人之间赠予股票时，一定金额内是可以免税的，但是赠予的股票价值达数百亿韩元时，会被征收高额的税率。即使缴纳巨额的税金，仍决定赠予股票给子女的行为，可以看作某种"信号"。

一言以蔽之，"现在的股价被严重低估了，今后股价进一步上涨的可能性很高"。

例如，正常股价为 1 万韩元的股票现在以 2 000 韩元的价格进行交易，那么现在赠予子女股票会更加有利。因为赠予税金是以当时的股票市场价为基准的。因此，2002 年某集团会长的"赠予"是一种节税行为。那此后又发生了什么事情呢？2003 年初，该股票股价曾一度跌至 1 300 韩元，但此后开始持续上升，2007 年 10 月股价突破了 8 万韩元大关，几乎达到了令人震惊的 50 倍的涨幅。可惜我错过了这个绝佳的机会，当时我的认知不足，没有能力正确理解控股股东赠予股票意味着什么。

希望各位读者不要错过"股价暴跌的优质企业大股东赠予子女股票"或"在继承过程中，未能确保核心企业股份的子女购买股票的情况"等投资机会。相反，如果内部人员决定卖出股票，可以看作抛售股票的信号。特别是大股东或其直系亲属抛售的企业股票的话，可以将其看作利空。

详解派息的信号

不亚于大股东回购股票的积极买入信号是"提高股息"，也就是"分红"。分红是指企业为感谢股东们一直以来提供投资资金而分发的现金。企业成立初期很难盈利，不仅要购置装备，还要物色人才，为了构筑销售网络，还要设立营业组织，并在世界各地设立分公司。因此，难免会出现亏损，这时企业一般都会通过增资等形式从股东那里筹集业务所需资金。但是，当事业走上正轨后，就不再需要投入更多的资金了，所以剩下的资金企业通常会以分红的形式支付给股东。

如果上市企业支付分红，投资者们的评价就会因此发生变化。

没有股东不喜欢派发现金的企业，而且股东们的反应会带来另一种连锁效应。也就是说，投资支付分红的企业的人倾向不同。比起刚投资就期待超高收益而交易股票的投资者，追求"比利息稍微好一点的成果"的投资者将被列入股东名册。

由于股东结构出现了变化，企业在决定分红时必须非常慎重。因为如果上调股息后因经济危机等原因中断分红，股东们会非常失望地出售股票，导致股价下跌。股价暴跌本身就是企业信任降低的因素。银行等金融机构可能会对企业的股价下降感到惊讶，并研究是否需要出售股票。另外，了解到股价暴跌新闻的客户们可能担心该企业是否出现了大问题，并对此感到怀疑。

也就是说，分红起到了告知企业情况的作用。就像信号灯提供停止或行驶信号一样，分红可以当作企业内部人士和外部人士之间交流信息的信号。

分红具有易提高、难降低的特点，因此被视为市场参与者关注的重要信号。

以某企业的情况为例展开说明。这家企业有一个前景广阔的项目并准备通报给股东，同时希望吸引社保基金类的长期投资者成为其股东。公司偏好长期投资者成为其股东，而非每日买入卖出的交易型股东。为了实现这个目标，"分红"显得尤为重要。但只要支付一次分红，便会在投资者心中形成今后也会持续分红的预期，因此，企业很难决定是否支付分红。从这个意义上讲，分红是一种昂贵的信号。好比约定结婚的情侣交换珍贵的礼物，认真考虑彼此，并宣布今后要长期在一起那样。

假设在 2020 年 3 月，经济陷入困境时，某企业发布"提高分红计划"，那必将迎来市场的热烈追捧。即使未来经济前景暗淡，公司也要上调分红，也就是说，在经济不景气的情况下，将企业拥有的现金分给股东们，这是一般企业做不到的事情。

因此，在经济不景气的情况下，股价暴跌时，上调分红或公布维持最低股息限度的企业可以成为最优先的买入对象。

股市暴跌时，如何把握
买入优质成长股的时机

事实上，在经济不景气的情况下，内部人士购买股票，提高分红的企业非常少见。因此，想要购买股票，投资者需要另一个标准，就是"优质成长股"，成长股是比其他企业增长速度更快的企业所发行的股票统称。这种企业的成长性高，且股票价格很高。不是说股票的绝对价格贵，而是以去年创下的利润来看股价显得贵。我们经常会发现股票价格除以每股收益为 100 倍的企业，即市盈率（PER）为 100% 的企业。

投资者清楚这类成长股的优势，但是觉得价格昂贵，所以很少买入。但成长股在经济不景气的时候也会暴跌，因此会出现低价买入超划算成长股的机会。回想 2020 年 3 月，由代表美国的 30 家优秀企业构成的道·琼斯工业平均指数（以下简称"道·琼斯指数"）比高点暴跌了 30% 以上。值得一提的是，包括在道·琼斯指数中的企业中，因传染病流行而赚大钱的生物技术企业的股价也遭遇了暴跌。

通过开发新冠肺炎疫苗而名声大噪的世界级制药公司辉瑞

（Pfizer，股票代码 PFE）的事例很典型。2020 年 1 月 17 日，辉瑞的股价为 38.38 美元，随着人们对新冠肺炎疫情全球扩散的恐惧加剧，3 月 20 日，其股价跌至 27.48 美元。当然，与同期道·琼斯指数的跌幅（ −34.78% ）相比，辉瑞的跌幅（ −28.4% ）相对较低，但考虑到 2020 年 12 月 8 日辉瑞的股价升至 42.56 美元，可以说 3 月份的股价暴跌是难以用正常逻辑解释的，只能说是由恐慌所致。但是这类事情在股市上时有发生。如果股市因某种冲击而面临崩溃的危险，那么很多时候股价都会一起下跌。

也许是因为投资者们对股价大幅下跌感到惊讶，连股价走势较为平稳的股票也被抛售。当然，也有可能是基民对股票型基金的赎回增加后，基金经理不得不抛售股票导致的。

考虑到这些因素，当股市暴跌时，我们可将优质成长股列为优先买入对象。成长股是业绩增速非常快的企业，即便在严重的经济萧条中也能期待有一定程度的成长，这给投资者带来了安慰。在经济不景气的情况下，大部分企业因销售减少而饱受痛苦。因此，经济不景气时表现出持续增长势头的成长股就像冬季白雪覆盖的原野上绽放的一朵红花，市场对其的关注度会越来越高。

当然，高市盈率的企业不都是成长股。在股价昂贵的情况下，如果业绩下滑，那么股价市盈率仍会有所上升。要区分好市盈率的提高是因为作为分母的企业业绩下滑所致，还是因为对未来业绩的期待上升所致。我们可以将成长股分成以下五类。这个分类是我结合个人投资经验和参考相关文献后，整理出来的内容，仅作参考之用。

第一类成长股集团是由具有品牌价值的股票组成，在同种产业内品牌具有压倒性优势的企业。在道·琼斯指数构成项目中可口可乐（KO）和耐克（NKE）就属于这一类（企业名称括号内的英文缩写是"股票代码"，下同）。这些企业在经济由萧条期转向恢复期时，有最快恢复的倾向，这是因为消费者在决定增加消费的瞬间，会第一时间想起这类品牌。例如，在韩国拥有高价化妆品品牌"后"的LG生活健康（051900），在欧洲证券市场上市的奢侈品品牌爱马仕（HRMS）和路易威登集团（LVMH）就有可能包括在具有品牌价值的成长股集团中。

第二类成长股集团是生产"更换费用高"或"难以替代"产品的企业。我认为这些企业是适合在经济萧条中投资的。代表性的企业是微软（MSFT）。其客户（企业及家庭客户）基本上不会转而使用竞争产品或服务，因为更换费用高，他们通常会一直使用。除了微软之外，制作影像及图像编辑程序的Adobe（ADBE）公司也具有强大的竞争力。像我这样运营油管（YouTuBe）频道的人不使用Adobe产品的人很少。

第三类成长股集团是拥有"机密"的企业，也就是拥有大量专利、知识产权和强大内容的企业。辉瑞（PFE）、联合健康集团（UNH）、强生（JNJ）等就是代表性企业。这些企业在制药领域不仅拥有大量重磅药物，还在新冠肺炎疫苗开发方面崭露头角。此外，迪士尼公司（DIS）和动视暴雪（ATVI）也拥有竞争企业难以模仿的内容。在韩国，Studio Dragon（253450）也属于这类企业。

第四类成长股集团是拥有"价格竞争力"的企业。如果企业提供的产品或服务价格优势突出，必然会受到喜爱。代表性的例子有亚马逊（AMZN）和开市客（COST）。韩国的三星电子（005930）、现代汽车（005380）、SK海力士（000660）也可能包括在内。当然，如果其他竞争者具备压倒性的价格竞争力，这些企业也会失去成长股的特性。但是这些企业一般持续追求创新，而且其学习曲线陡峭，我认为不会轻易崩溃。

最后，第五类成长股集团是拥有"平台"的企业。所谓平台，简单地说，就是起到生产者和消费者相互交易所需的集市作用的操作系统。成功的集市，需要具备两个要素：第一是规则，第二是顾客。如果不能制定正确的规则，集市不仅会乱成一团，还会变成战场。另外，如果顾客不够多，就没有理由非要使用这个集市。具备这些条件并很好地构建平台的企业包括：油管（YouTuBe）和谷歌（GOOGL）的母公司阿尔法特（Alphabet）、拥有世界最大社交网络平台（SNS）的脸书（Facebook，FB）和苹果（APPL）等。虽然韩国的Naver（035420）和Kakao（035720）与这些企业相比相对不足，但我认为这些企业也在逐渐成为巨大的平台型企业。

有些人可能会好奇我为什么没有将特斯拉（TSLA）列入其中任何一类。事实上，我们很难在股价暴跌时大规模买入特斯拉等消费品类别的新兴企业的股票。我们没有必要担心或好奇上述成长型企业什么样的"产品"会大受欢迎，因为它们已经打造了非常强大的产品群，或拥有多种产品组合。

但特斯拉等新生企业只要有一个产品出现问题，生存就会困难。下面我们来看一个最具代表性的特斯拉轶事。2017 年，特斯拉的首席执行官埃隆·马斯克（Elon Musk）曾说："（特斯拉的新款 model 3）陷入了生产地狱（production hell）。"当时特斯拉正在全力以赴生产新型电动汽车 Model 3。埃隆·马斯克宣布每周可生产 5 000 辆汽车，但因为企业位于美国内华达州的工厂电池组装工程出现了很大的问题，批量生产被不断推迟。受此影响，2017 年 6 月 29 日达到 76.69 美元的特斯拉股价在 2018 年 10 月 12 日跌至 51.76 美元。另外，从特斯拉的长期股价趋势来看，我们可以再次感受到投资尖端消费品股票是多么困难的事情。

第六章内容的要点是，在经济不景气的情况下，抛售持有的美元后购买股票时，最好把具有以下特征的企业放在优先考虑对象，并列入买入项目名单。

（1）股价暴跌后，控股股东积极买入股票或赠予子女的企业。

（2）在经济不景气的情况下提高分红或新发放分红的企业。

（3）拥有五种特性（拥有品牌力量、更换费用高、拥有机密、具有价格竞争力、拥有平台）的优良成长股在股市恐慌中暴跌的企业。

除此之外，还有其他有效的投资方法，比如逆向思维投资战略，也可以在经济萧条期间适用。但是对于这种投资方法，有很多人持有不同意见。每个人对股市的投资哲学都不一样，因此完全可以提出反驳意见。因此，在接下来的第七章中，为了更加深刻地分析股市和专业投资者人群，我们将重点分析"股市主要的两大学派"。

⊙ 金钱趣谈

关注企业公告加大派息后的股价走势

我们生活的世界似乎是合理的，但我们很好奇，一辆使用不到一年的二手车会以低价出售。那为什么二手市场的汽车价格与车辆质量不相称，而且价格的下降幅度要远高于新车？

著名经济学家乔治·阿克尔洛夫（George Akerlof）对此给出了一个有趣的答案。这是因为没有汽车专业知识的人无法确定二手车的好坏。如果车主觉得汽车没有损坏，且燃料消耗率低，希望以合理的价格出售汽车，但想要购买二手车的人无法相信这些信息，所以他们大幅砍价的行为是合理的。因此，拥有一辆无事故且燃料消耗率低的汽车车主会优先考虑将汽车转让给朋友等周围的人，而不是卖给二手车市场，且车主的朋友很乐意以高于二手车市场的价格接管汽车。如果你以高价向周围的人出售一辆质量较差的汽车，最后，买主可能会反对，你也会遭到周围人的鄙视。因此，大家都比较认可从身边的人那里买车的方式。

在这种情况下，最大的受害者是虽然拥有好汽车但周围有意购买汽车的熟人并不多的人。另一个受害者是想要以适当的价格购买好的二手车的人，只要二手车的状态足够好，他们有意以较好的价格购买，但在二手车市场上，他们只能以低价购买状态较差的汽车。

那么，有没有解决二手车市场问题的方法？最简单的方法是近几年几家二手车中介所引进的质量保证制度。例如，对于购买车辆后至少 6 个月以内发生的车辆故障，二手车中介将全额补偿费用，或重新以销售价格买回汽车。

那么，企业向投资者宣传"自家公司是好公司"时，可不可以利用这种方法？这时最简单、最佳的方法就是增加分红，有些企业支付超出市场预期的分红，表明其业务前景非常光明。另外，

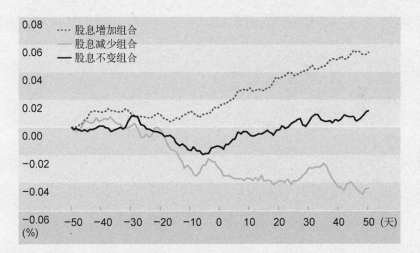

🪙 图 6-1　股息披露前后各企业累计超额回报率走势

数据来源：홍춘욱，"배당 공시를 전후한 주가 반응에 대한 연구"，2011 년

注：超额收益率是按照韩国综合股价指数测算的

这也表明经营者认为目前的股价水平低于适当价值。市场也很清楚这一点，公告增加分红的企业股价与没有公告分红的企业相比，会持续超额收益。增加分红的企业在发布"分红公告"后，在 50 天内创下了平均 5.4 个百分点的超额收益，与韩国综合股价指数（KOSPI）相比。

　　另一方面，宣布削减分红的公司在 50 天后获得了 -4.4% 的超额利润。与韩国综合股价指数相比，负收益可以理解为较差的成绩。

　　像二手车市场的买家关注拥有品质担保的二手车中介一样，我们也需要关注定期派息的好公司。

The History of Money

趋势投资和价值投资，该如何选择？

第七章

大多数市场参与者是
趋势投资者

股市的参与者不是单一群体。企业的支配股东和个人投资者
在对待股票的态度上存在天壤之别。在观察股票价值方面，市场
参与者有两个极端。为了方便起见，我将两大阵营称为"趋势派"
和"价值派"。

股市中的趋势（momentum）是指，当股价确定某个方向后，
会继续向那个方向移动的特性。人们常说的"打板"策略就属于
这一范畴。相反，均值回归（mean reversion）是指，即使出现强
有力的上升趋势，从长期来看，最终也要回归平均水平的特性。
积极买入因恐慌导致股价暴跌的股票的"逆向思维投资"是价值
派偏爱的代表性战略。

近几年，趋势派是在股市中拥有压倒性影响力的势力。他们
的主张可以概括如下。

要想赚大钱，不能只在乎个股的涨跌，而是要判断整个市
场的趋势。赚大钱不能靠个股的波动，而是靠大盘走势；不能

靠解读盘面，而是靠预判整个市场和市场趋势。（中略）涨得太高不是不买的理由，同样调整得太多不是不卖的理由。不因为下跌而卖出，不因为上涨而买入。

这句话出自 1929 年大萧条时期的传奇个人投资者杰西·利弗莫尔（Jesse Livermore）。1877 年利弗莫尔出生于美国新英格兰，是贫穷农夫的儿子，在 14 岁时他开始担任波士顿一家证券公司的行情表负责人，开始走上股票投资之路。当时电脑还没有发明，他只能通过电话或电报接收华尔街的交易信息，并将其一一记录在证券公司分店的黑板上，这就是行情表。

在从事这项工作 1 年后，杰西·利伯莫尔的投资收益比从公司得到的工资还要多，就转型做了专业投资者。

在 1907 年旧金山大地震前后的股价暴跌时，他通过做空（short selling）积累了大量资产后，在 1929 年大萧条时期主导了股票抛售攻势，获得了"华尔街巨熊"（Wall Street Big Bear）的称号。当时他的资产达到 1 亿美元以上，按现在的价值折算，约 2 兆韩元的金额。可以说，他是迄今为止最成功的个人投资者。

但是 1933 年富兰克林·罗斯福（Franklin Roosevelt）总统就任后，他未能正确应对市场风格的转变，失去了大部分资产，再加上家庭不和及忧郁症，1940 年，63 岁的他开枪自杀结束了生命。正如他戏剧性的生平所展现的那样，趋势战略虽然可以取得很好的成绩，但同时如果预测错误，风险也极大。

那么趋势策略到底是什么？正如杰西·利弗莫尔说的"要敢于说出市场是强势市场还是弱势市场"，趋势策略可以说是迎合市场趋势的投资战略的总称。在各种趋势战略中，最受欢迎的是"投资过去一年内涨幅最大的股票"，即将上市公司按股价上升率从高到低排序，然后集中投资涨幅最大的项目。

以韩国大型企业（KOSPI 200）为对象，如果在2000年到2016年期间实施趋势策略的话，年均收益率可以达到25.7%。考虑到同期韩国综合股价指数的回报率为年均9.23%，这是一个惊人的成果。趋势策略不仅仅在韩国奏效。从1927年到2014年，如果以美国股票为对象实行趋势策略，可以取得16.85%的年均收益率，远远超过同期美国标普500指数年均9.95%的回报记录。

单纯地追赶已经暴涨的股票的战略为何可以取得如此惊人的成果呢？大概有三点原因。

首先是从众心理。例如，当A这个企业的股价持续上涨时，投资者们对其关注度会上升，这种关注会改善供需关系，再次引发股价上涨，这可能会吸引集中于股票技术形态分析的投资者们的追加买入。不仅如此，得益于股价的上涨，有些企业成为市场的支配者。代表性的例子就是亚马逊。亚马逊在股价持续上涨的情况下，在股市通过多种方法筹集到了资金，通过持续投资，战胜了强有力的竞争者，并最终登上了最强宝座。投资亚马逊等尖端技术股的人，特别是风险投资公司非常有毅力，与期望马上取得成果并分红的短期投资者不同，风险投资公司被亚马逊提出的宏伟蓝图所吸引，决定共同参与零售支配世界的计划。最近，美国的电动汽车公司特斯拉也呈现出类似的趋势。也就是说，比起在公司债券市场支付昂贵的利率筹集资金，在股价上升时不断增资，更容易筹集投资所需的大规模资金。

其次，因为全体市场参与者无法及时获得企业的信息。如果B企业成功开发出储量丰富的矿山，最先听到这个消息的人应该是内部人士，控股股东和首席执行官最先购买该企业的股票。然后专家们接到消息，接着大型机构会开始买入。最后，个人投资者群体间开始流传"B企业有重大利好"的传闻，开始买入该股票。这一过程会逐渐实现，因此呈上升趋势的企业的股价可能会出现进一步上涨，最终使得趋势策略获得不俗的成绩。

再次，因为股市会将焦点放在投资者消极的反应上，所以当某个企业的利润超过企业分析师的预期时，股票价格并不是一下子就能反映这一利好因素。因为股市有逐渐反映新信息的倾向，所以出现利好因素的企业股价将持续上涨，再加上投资者们害怕追上已暴涨的股票，通常会有所犹豫。因此，即使企业发布长期提升未来业绩的好消息，股价也有可能因无法立刻充分反映这一点，而呈现出持续的上升趋势。

伟大的公司都去了哪里？

　　前面我们了解了趋势策略为什么可以取得如此惊人的成果，但是没有一个战略是深受所有人喜爱的。对于趋势策略，"价值派"经常提出强烈的批评。卫斯理·格雷（Wesley Gray）等所著的《构建量化动量选股系统的实用指南》[①]中记载了著名价值投资者塞斯·卡拉曼（Seth Klarman）对趋势投资者的尖锐批评。部分内容如下：

　　投机者买入和卖出股票的依据是，他们相信股票价格即将上升或下降。这些行为基于对他人行为的预测，而不是基于那些公司的基本面。如果股价走势"如他所愿"，他们就会买入股票，或者卖出股票。

　　许多投机者利用技术分析（过去的股价波动）来预测市场方向。技术分析基于以下假设：过去的股价波动是未来股价

---

① 中国青年出版社，2018 年出版。

的关键因素，而不是公司的基本面价值。事实上，没有人可以预测市场。所有试图猜测市场走势的行为是徒劳且投机的。

一言以蔽之，努力预测趋势是没有用的。正如杰西·利弗莫尔的最后遭遇那样，市场趋势突然改变，趋势策略必然会面临巨大危机。代表性的例子就是 2020 年 3 月，由于新冠肺炎这一传染病的大流行，股市瞬间崩溃，这时信奉趋势策略的投资者们遭受了最大的损失。但是在这种情况下，趋势投资者们可以进行风险管理。即执行"止损（loss cut）策略"即可。

止损策略是指，与之前的最高点位相比，下降 20% 或 30% 时以自动抛售的方式进行风险管理。据悉，止损策略被多种投资者使用，它确实可以改善趋势投资者的成果。即使是形成强势上升动力的股票，如果因某种外部冲击导致趋势崩溃，就应该果断地离开市场，这是止损操作的核心。

对趋势派的另一个批评是"在掌握趋势的瞬间，这种趋势很有可能消失"。世界级畅销书《从优秀到卓越》作者吉姆·柯林斯（Jim Collins）当时称赞电路城（Circuit City）、摩托罗拉（Motorola）、房利美（Fannie Mae）等企业是"伟大的企业"，但是电路城在 2000 年信息通信热潮（即互联网泡沫）平息后，因无法支撑债务而破产；摩托罗拉在智能手机时代凄凉地消失了；房利美则实施不负责的贷款政策，成了 2008 年全球金融危机的元凶。

　　此后，吉姆·柯林斯回顾了自己的主张，出版了名为《强大企业的兴衰》（*How the Mighty Fall*）的书籍，在书中他整理了"企业兴亡盛衰五阶段"理论。

　　企业没落的第一阶段是在成功中产生自满心的时期。换句话说，就是吉姆·柯林斯等作家或知名人士开始称赞其为"伟大的企业"的时候。第二阶段是没有原则的贪婪时期。曾经是世界第一大手机制造公司的摩托罗拉对铱星计划进行大规模投资的时候就是如此。在对大规模投资和业绩增长的执着中，企业的增长动力会逐渐消耗殆尽。第三阶段是光荣的顶点，也是崩溃拉开序幕的时期。可以说这是企业极力否认危险和危机可能性的时期。摩托罗拉曾在手机市场占据着支配地位却无视智能手机时代已开启就属于这一阶段。第四阶段是寻找救赎的时期。杰弗里·伊梅尔特（Jeffrey Immelt）就任通用电气（GE）董事长兼CEO后进行大刀阔斧改革的时期就属于这一阶段。还有伟大的经营者杰克·韦尔奇（Jack Welch）开启众多业务后出现严重亏损，并陷入失去企业的核心竞争力等严重危机的时期。另一方面，也有个别企业从第四阶段中复活的案例，那就是国际商用机器公司（IBM）。1993年，IBM聘请路易斯·郭士纳（Louis Gerstner）为新任首席执行官，通过渐进式的改革，维持了企业的优势，同时成功发掘了新的增长动力。最后，第五阶段是死亡时期。指的是企业变得有名无实或生命结束的时期。摩托罗拉、电路城、房利美等众多曾经伟大的企业在这一阶段消亡了。

　　从企业兴亡盛衰的五个阶段可以看出，企业的世界里没有什么是永恒的。被称赞为伟大的企业，被基金经纪人评价为"只会买入，不会卖出"的企业股价上升势头非常强劲，之所以会衰亡，是因为"竞争"和"疏忽"。正如克莱顿·克里斯滕森（Clayton Christensen）教授强调的那样，改变版图的"破坏性革新"开始的瞬间，现有市场支配者没落的可能性就会增大。另外，吉姆·柯林斯等人称赞的企业经营者很容易陷入自我陶醉状态，因此，经营散漫也是强者崩溃的原因之一。

　　因此，有些投资者会故意回避伟大的企业。最近阅读的弗雷德里克·范海沃贝克（Frederik Vanhaverbeke）的著作《超额收益》（*Excess Returns*）[①] 中记载了如下内容。

　　（1）随时被大众媒体称赞的企业的股票；

　　（2）被列入"最佳企业"榜单的股票；

　　（3）入选《财富》"全球最受赞赏 50 家公司"名单的企业的股票。

　　这些股票次年收益率往往比较低，甚至比被列入"全美最差公司"名单的企业还要低不少。这是在美国以外的国家也会出现的现象。

---

① 广东经济出版社，2017 年出版。

综合上述文章，可以看出在股价上升（或繁荣）期间价格暴涨或首席执行官称赞的企业不适合作为投资对象。因为，投资者对企业的期待感会达到非常高的水平，即使企业犯下一点点失误，股价也会大幅波动。不仅如此，企业很有可能在不景气时要付出因陶醉于乐观前景而实行事业扩张及盲目收购合并（M&A）导致的代价。

沃伦·巴菲特也难以坚守的
投资原则

价值派认为，应重点关注股价较低的公司，而不是那些不可预测的走势。因为，如果股市上人气股票的关注度一旦降低，那些被低估的公司就会得到相应回报。但许多著名投资者对"廉价公司"的定义是不同的。

例如，包括大卫·德雷曼（David Dreman）在内的所谓逆向思维投资者们表示："人类本能地偏爱人气股，并会不断尝试提高其价格。但从长期来看，人气股和冷门股都将回归平均水平。"

因此，逆向思维投资者建议人们投资那些被市场冷落的冷门股。即投资市盈率（PER）或市净率（PBR）非常低的企业也完全可以取得优异的成果。

相反，寻找比企业的"内在价值"便宜的股票的投资者则持不同立场。他们认为企业的价值是其未来赚取的利润的总和，如果一家企业的股票价格便宜，无法反映其利润，终有一天市场会发现它的价值。假设 C 企业今年每股收益为 1 000 韩元，明年每股收益预计为 2 000 韩元，在看好其利润稳健增长的前提下，C 企业的内在价值为 3 万韩元。这里的内在价值就是其未来赚取的利润总和。但是，由于市场参与者缺乏发掘优质企业的眼光，所以 C 企业的当前股价在 1 万韩元的水平，但长期来看，该企业的股价将回归到内在价值水平，也就是 3 万韩元左右。

为了简单说明这个战略，我们来看看小狗和主人的比喻吧。主人牵着小狗在公园闲逛，链条决定了小狗的活动范围，它时而跑到主人面前，时而跑到主人后面，但当主人回家的时候，最终小狗还是会和主人一起回去。价值派认为股价也是如此。虽然股价可能暂时与内在价值背道而驰，但就像小狗和主人一起回家那样，最终双方会走到一起。

但是和趋势派一样，价值派也受到了很多批评。对价值派的批评大致分为三种。

第一，如何预测企业未来利润的增长。虽然也有利润稳定增长的企业，但对信息通信等创新产业来说，这种预测非常困难。亚马逊在成立后的数十年持续保持两位数的增长，但也有人认为亚马逊在 2000 年信息通信泡沫崩溃后很快就会灭亡。最终对企业未来利润的预测就变得像一种巫术，也就是说，不是基于数字的缜密分析，而是基于如果该企业掌握市场，利润将达到这种程度这样的推理。

因此，价值派的投资者们不喜欢投资"技术型公司"。最具代表性的投资者就是沃伦·巴菲特。他就从不投资信息通信产业的代表企业。在 2017 年伯克希尔-哈撒韦公司（Berkshire Hathaway）年度股东大会上，他曾表示："我们在寻找技术股方面没有优势。所以没有投资技术型公司。"但是最近巴菲特打破了自己的投资原则，投资了苹果公司并取得了丰硕的成果。根据 2021 年的公开数据，巴菲特拿出全部资产的 40% 以上投资了苹果公司。

对价值派的第二种批评是，如果企业不进行"重视股东的经营"，可能永远不会出现平均回归。假设一家企业再怎么赚钱，也不给股东分红，且存在利益输送等道德问题，如果投资者把这些企业当成被低估的企业投资的话，可能会蒙受巨大损失。对此，价值派投资者认为应该关注拥有超强能力、值得信赖的经营者的企业。沃伦·巴菲特曾明确提及自己偏爱的企业特性，引用《沃伦·巴菲特投资圣经》（*Warren E. Buffett's Way of Investing*）中相关内容如下。

理查德和我寻找的是（a）我们能看懂的商业模式，（b）拥有良好的长期经济效益，（c）管理层能力强且可靠，（d）收购价格合理的公司。这样的公司我们希望收购整个公司，而管理层成为我们的合伙人时，我们将收购 80% 以上的股份，但在无法收购伟大企业的经营权时，我们认为在资本市场买入少量伟大企业的股份就足够了。因为比起拥有全部的仿造钻石，拥有部分顶级钻石会更好。

但是沃伦·巴菲特的投资原则也有局限性。因为，一般投资者没有机会见到公司的首席执行官，而且媒体采访内容也很难相信。另外，因犯下金融罪而在媒体报道中登场的经营者，我们仅凭印象和语气很难想象他会周密地准备重大犯罪。

对价值投资派的最后批评是"股市持续泡沫或恐慌状态的时间可能会比想象中更长"。伟大的经济学家约翰·梅纳德·凯恩斯（John Maynard Keynes）曾主张："投资股市就像猜谁会在选美比赛中获胜一样。"

凯恩斯所说的选美大赛并不是少数评委决定获胜者的选美大赛，而是特指当时英国报纸流行的选美大赛。报纸会刊登100名女性的照片，让读者选出其中最美丽的6名女性，然后再给猜中得票最高的6名女性的读者颁发奖金的大赛。根据凯恩斯的主张，如果读者想在该大赛中获胜，就不能选择自己认为漂亮的候选人，应选择评委认为漂亮的候选人。如果大赛的应征者都考虑到这一点，最终没有人可以了解"平均意见"是什么。

通过该事例，凯恩斯想要指出的是，与其他市场不同，对未来的期待在股市中起到了决定性的作用。举个极端的例子，如果股市的所有参与者都期待股价上涨，那么不论上市企业的经营状态如何，股价都可能会上涨。凯恩斯的这一指责对于价值投资派的投资者来说是非常痛心的。市场可以比想象中更长时间地在与基本面无关的情况下运行，这是明确的事实。对此，价值投资派的对策应该是"长期投资"。也就是说，如果长期充分参与股市，最终内在价值被低估的优良企业的股价将获得应有的价格。

读着股市两大学派的说明，很多读者会思考哪个战略更适合自己。作为参考，我年轻时属于趋势派，但上了年纪后开始成为价值投资派投资者。2020年3月，市场陷入恐慌时，我曾买进三星电子（005930）和现代汽车（005380）等企业的股票。

我的投资倾向为什么会改变呢？虽然我的投资知识有所增加，但随着年龄的增长，风险偏好度逐渐发生变化是最大的原因。因为年轻时我的投资金额较少，所以即使出现损失，也可以马上用储蓄来填补，同时我对未来也有一定的乐观倾向。相反，进入40岁后，我脑海中充满了"如果丢失种子资金，就会出大事"的想法，所以依赖某个优秀企业的想法似乎越来越占上风。也就是说，我一定要确认企业的内在价值或平均市盈率级别（水平）等之后，再进行投资的倾向越来越强。

从接下来的金钱趣谈中可以看出，无论是趋势策略还是价值投资策略，在韩国股市都是有效的。当然，两种策略并不总是能获得好的成果。在2000年到2010年，价值投资策略更具优势，而在2010年至2020年，趋势战略相对更具优势。不同时期的优势战略不同，是因为多种因素会对特定投资策略的成败产生影响。对股市的这种特性感兴趣的读者可以去读一下我的译作《投资风格：资产管理的独特见解》（*Style Investing: Unique Insight Into Equity*

Management）。这本书有助于读者理解为什么股市的主导战略会发生变化。

我们来总结一下第七章的内容，市场参与者分为关注市场趋势的"趋势派"和关注企业价值的"价值派"。市场上存在着持有不同观点和投资哲学的人，因此股票可以被交易，但是要记住，像信息通信泡沫崩溃的 2000 年或面临金融危机的 2008 年一样，如果市场参与者观点趋于一致，股市就会在找不到买入者的情况下崩溃。

最后一章记录了我的理财奋斗史。对于我这个在金融业界工作的经济学家来说，年轻的时候对理财真的很生疏。通过参考我的理财经验，读者可以了解我在经历哪些过程后确立了现在的投资策略，这将有助于读者搭建专属于自己的投资计划。

⊙ 金钱趣谈

趋势策略对韩国市场是否有效？

一般而言，术语"趋势"是指运动或加速度的方向。但在投资
领域，这意味着关注趋势的策略。例如，如果一家公司发展迅速，
则其收益势头将继续保持。价格势头与收益势头同样重要。股市
有句名言叫"骑上疾驰的马"，价格趋势策略是指将该名言原封不
动地运用到实战中。

为了确认趋势策略在韩国是否适用，我以 KOSPI 200 指数构
成项目为对象，从 2001 年初开始，按照过去 12 个月的股价上涨
率顺序，将股票分为五档，然后对这些项目（各 40 个）以相同比
重进行投资，每月底再次以股票收益率为基准，将这些项目分成
五个组合进行新一轮的反复投资。

从下面的图表中可以看出，趋势最强的组合（第一档）从
2001 年到 2016 年 6 月取得了 3 374.7% 的成果。相反，趋势
最弱的组合（第五档）只取得了 89.5% 的成果。同期，韩国综
合股价指数的涨幅为 392.05%，也就是说最弱的趋势跑输了指数。

因此，我认为在韩国，趋势策略也取得了很好的成果，所以
如何坚定不移地持续推进这一策略才是关键。

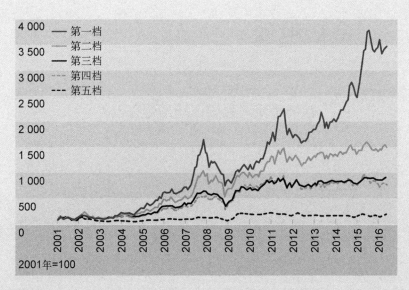

图 7-1　反复投资最强趋势组合（第一档）以及最弱趋势（第五档）
　　　 的投资结果

数据来源：홍춘욱，"모멘텀 전략，한국에도 유효한가"，2016 년

🪙 金钱趣谈

是否要模仿沃伦·巴菲特

对金融市场的参与者来说，沃伦·巴菲特是"投资之神"。因为从 20 世纪 60 年代到现在，他持续创下了惊人的投资业绩。再加上每年举行的伯克希尔·哈撒韦股东大会上，他毫无保留地讲述符合"投资贤人"绰号且对投资有帮助的故事。

因此，很多投资者一直在努力复制沃伦·巴菲特的方法。得益于 2012 年耶鲁大学的教授们写的一篇有趣的论文《巴菲特的阿尔法》（*Buffett's Alpha*），我才能对他的部分成功因素有所了解。对巴菲特的投资组合进行详细分析的三位学者制作了下图（图 7-2）。最下面的黑色线显示了股市（使用了 1.7 倍杠杆）的收益，褐色线是巴菲特的实际投资组合成果。最上面的灰线是复制巴菲特风格的有价证券组合的成果。一眼就能看出三条线中灰色线的成果最为突出。

在这篇论文中，巴菲特的方法指使用 1.7 倍的杠杆，并坚持以下三个原则："以廉价股票（市净率较低的企业）为对象进行投资，但避免危险股票，选择变动性较小的股票。"当然，巴菲特在这里引用了自己的独立分析方法，但耶鲁大学的教授，仅凭使用

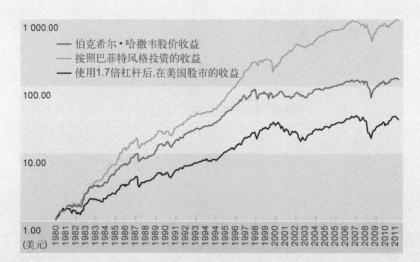

1 000.00
—— 伯克希尔·哈撒韦股价收益
—— 按照巴菲特风格投资的收益
—— 使用1.7倍杠杆后,在美国股市的收益

100.00

10.00

1.00
（美元）

1980 1981 1982 1983 1984 1985 1986 1987 1988 1989 1990 1991 1992 1993 1994 1995 1996 1997 1998 1999 2000 2001 2002 2003 2004 2005 2006 2007 2008 2009 2010 2011

图 7-2　伯克希尔·哈撒韦的真实收益以及巴菲特风格投资的收益表现

数据来源：Frazzini, Kabiller, and Pedersen, "Buffett's Alpha," *Financial Analysts Journal*, 74 (4): 35–55, 2018

杠杆这一原则，就取得了比巴菲特实际投资成果更好的结果。

那么，巴菲特风格投资组合超越鼻祖的原因是什么？一个有力的解释就是巴菲特经营的公司伯克希尔·哈撒韦公司的运营规模越来越大，即使出现再有魅力的投资对象，在运营规模如此巨大的情况下，对该企业的投资也会变得困难。实际上，巴菲特承认在合并卡夫亨氏食品公司（Kraft Heinz，KHC）时支付了过多的资金，并承认了投资失误。

总而言之，从个人投资者的立场来看，巴菲特风格的投资非常有魅力。作为参考，在崔在元分析师合著的《我像大师一样投

资股票》(주식，나는 대가처럼 투자한다) 中，也可以看到巴菲特
风格投资应用于韩国的成果。作者以韩国代表性企业（KOSPI200
指数编入项目）为对象，从 2002 年到 2020 年进行了模拟投资实
验，结果显示其年均成果为 9.93%。相反，同期 KOSPI200 指数
的成果只有 6.32%。

　　正如上述事例所示，投资者可以利用沃伦·巴菲特的投资原
则，使"价值派"的投资变得更加容易。

The History of Money

第八章

洪老师的理财奋斗史

20多岁，盲目进入股市后
经历多次失败

　　20岁出头时，我很幸运地就担任韩国国策研究所的研究助理。并且，很快进入了股票投资的世界。我作为投资新手，当时非常不成熟，特别是在投资时机的掌握方面，可以说是毫无建树。我刚入市，市场就不断发生影响重大的历史事件和事故，这也对我的投资业绩产生了很大的影响。令人记忆深刻的就有1993年实施的"金融实名制"、1995年的韩国总统秘密资金事件、1996年的半导体危机等。半导体危机是指继美国证券公司分析师警告半导体市场供应过剩危险后的一年内，半导体DRAM价格暴跌51%的事件。

　　在大事件不断发生的时期，我投资股票的理由是因为一本名为《判断股市行情的方法》（相場サイクルの見分け方）的书。我对这本书深有感触，之后产生了"可以预测股市趋势"的自信。这本书的作者（浦上邦雄）利用企业业绩和利率两大指标分析了股市的趋势，并将股市的动向比喻为"股市的四季"，非常有名。例如，虽然利率下降，但企业业绩尚未改善的金融行情是春天；在利率上升的情况下，经济好转，业绩也改善的行情是夏天；利率上升陡峭，虽然业绩良好，但股价下降的逆金融行情是秋天；利率转为下降趋势，企业业绩下降的逆业绩行情是冬天。

但是只读完这本书就进行股票投资是多么危险的事情啊！能够很好地解释这种行为的理论就是邓宁-克鲁格效应（Dunning-Kruger effect），所谓"邓宁-克鲁格效应"是指未达到能力的人高估自己的能力，判断自己已掌握许多知识的行为。

事实上，股市就是"邓宁-克鲁格效应"起到致命作用的典型。

例如，我今天以每股8万韩元的价格买入了三星电子股票，但对手盘可能是沃伦·巴菲特。股市好比每天都在发生无级别限制格斗的丛林。没有投资知识、信息判断能力，自制力不足的投资者很有可能成为美味的猎物。当时的我以两三年的研究员生活所获得的经济知识和读一本书所学习到的股市理论为依据便进入了股市，可以说结局早已注定。

更大的问题是贷款投资。随着政府解除对银行的限制，韩国和平银行、东南银行等众多银行重新开始营业，并采取了非常激进的销售战略。虽然这并没有直接导致2002年的信用卡危机，但是上班族开设信用卡比以前容易多了。此外，有些没有开设信用卡条件的人，如果有朋友之间互相担保的话，很快就可以申请贷款。

现在回想起来，不得不说这是件可怕的事情。借钱投资之所以危险，是因为这让人无法忍受股票的暂时性波动。

例如，假设有投资者以 1 000 万韩元的股票为担保，贷款了 4 000 万韩元。如果此时是强势市场，股票股价上涨 20%，收益率就会达到 100%。因为投资金额增加到了 5 000 万韩元，股价上涨 20%，收益就是 1 000 万韩元。但是股价一旦下跌就会跌入谷底，投资本金 1 000 万韩元，贷款 4 000 万韩元，共投资 5 000 万韩元，如果股价下降 20%，投资本金就会凭空消失。

金融机构也很清楚这种情况，所以在股价暴跌的那天晚上就会打来电话说："如果不追加保证金，明天早上就会进行强制平仓。"这被称为"追加保证金通知（margin call）"。但投资者正是因为股票投资时资金不足，所以才借了钱，还有什么办法可以追加保证金呢？最终，随着股市的开盘，金融机构将强制以市场价抛售其所有股票并回收贷款。市场价交易是指，不指定具体价格，而是直接卖给现在有买入意愿的买家的交易。对于借钱投资的人在股市时遭受的痛苦，2008 年关于全球金融危机的电影《商海通牒》演绎得很出色，大家可以参考。

最终，20 多岁的我股票投资惨败，还留下了很大的心理创伤。因为，我想快点成为富翁，所以像飞蛾一样扑进了股市，最终遭受了巨大损失。之后我决心不再投资股票，不再借钱投资。

30 多岁，终于购置房产

到了 30 多岁，就像很多人梦想的一样，我理财的最大目标是"拥有一套属于自己的房子"。但是 2002 年开始的房地产价格上涨热潮，似乎让自己买房的梦想越来越遥远，这让我很郁闷。1990年后日本房地产价格暴跌，1997 年外汇危机后韩国住宅价格暴跌，我在经济研究院中比任何人都密切关注房地产走势，因此对购买住宅本身有所畏惧。

在这种情况下，贷款利率下降到历史最低水平，全租房的价格连日上涨，因此我决定购买住宅。

当时我从经济研究院离开成为证券公司分析师，年薪有所上涨，而且政府的房地产贷款相关规定也较为宽松，因此正好可以购买住宅。当然，不是在首尔地区，而是在城南市购买了一套小型住宅，价格不到 3 亿韩元，且大部分资金都是通过贷款筹集的，由此可见，彼时我的理财成绩是多么糟糕。

尽管如此，当时购买住宅还是非常正确的选择。因为房地产市场的繁荣，就算地段不太好，但仍可以享受大幅价格上涨。特别是新城市房价暴涨时，我抛售了城南市房产，置换成首尔麻浦区[①]的"单身公寓"，可以说是神来之笔。当时我的工作单位在汝矣岛[②]，住在城南市，通勤太累了，所以我去看了首尔的公寓。当时汝矣岛地区的房价也太贵了，我就决定搬到麻浦。当时京义·中央线没有通地铁，麻浦区有点冷门。

当时，我一直与妻子就投资哪个地区进行讨论。妻子说"麻浦区公寓的价格比城南市的价格低不奇怪吗？"这句话成了投资的契机。另外，从城南市到汝矣岛上班单程需要驾驶 30 公里以上，每月油费支出数十万韩元，因此，我认为购买首尔麻浦区的房产在支出管理方面也十分有利。

多亏了 30 多岁时经历的两次房产买卖，我对房地产市场，特别是交通网产生了兴趣。我思考了一些地区的发展状况，也思考了韩国没有像日本一样发生房地产价格暴跌事态的原因，渐渐消除了对特定资产的偏见。30 多岁时，我投资房地产，苦心钻研经济结构。40 多岁后，我改变了对投资的看法。

---

① 位于首尔市西部的一个区。
② 韩国首尔汉江中的一个大岛，是首尔的主要商业和投资银行密集区。

40多岁，研究汇率转换策略

2007年我离开证券公司后，成为某银行的经济学家，重新开始投资股票。当然，当时我并没有对股票进行大规模投资。除了在前公司收到的"股权激励"之外，我几乎没有持有股份。但是经历2008年全球金融危机后，我发现了一个事实。韩国是在财政危机下非常脆弱的国家，金融危机发生时汇率暴涨的可能性很高。代表性例子有，雷曼兄弟（Lehman Brothers）破产后，在金融机构的连锁倒闭潮中，美元对韩元的汇率一度上升到了1 500韩元。

目睹这一事件后，我得出了个人也需要进行海外投资的结论。

令人印象特别深刻的是，我在2008年9月雷曼兄弟破产当天买入了股票。虽然当时正值金融危机，但因为公司发放了奖金，所以现金充裕。于是我在具备增长性的优质企业中，选择了股价下降幅度最大的五只股票进行了投资，其中包括三星电子和韩进重工业①等我认为股价暴跌程度大于业绩下滑程度的企业。在2009

---

① 以造船业和建筑业为主业的韩国大型集团。

年开始的股价反弹过程中，除了一只股票外，其余四只股票都取得了不错的成果。但因为我不想长期投资韩国股票，所以依次兑现了股票投资收益后，我就开始投资美元存款了。我认为，2008年这样的金融危机可能会再次发生，再加上从 2009 年开始股票价格上涨过快，所以我担心股票价格会大幅下跌。

通过这类投资，我的种子资金不断增加，随着我到社保基金任职，我进一步加强了以美元存款为中心的投资。社保基金的运营经纪人在投资韩国股票时会受到严格限制，这是我个人不参与韩国股市的主要原因。离开银行后，我将退休金全部兑换成外汇存款，在等待投资时机时，我迎来了绝好的机会。2015 年末，受国际油价暴跌和中国打击外汇非法投机的影响，国际金融市场陷入了混乱。外汇非法投机攻击是指预测中国人民币价值今后会下降的投资者在外汇市场上卖空人民币。当时拥有超过 3 兆美元巨额外汇储备的中国政府屈服于几个对冲基金做空的可能性非常低。但是，由于对冲基金的煽情言论和中国外汇储备急剧减少的冲击，美元对韩元的汇率上升到了 1 300 韩元。

彼时我正好从经济研究院辞职，到汝矣岛的某证券公司任职，因此很容易实行"汇率战略"。退休金加上攒下的外汇存款，还有一定程度的贷款，我买入了一套西大门区的新建住宅。当时我没有购买股票而购买住宅是因为股票价格没有出现大幅下降，加上韩国政府的低利率政策和中国游客的大规模流入，韩国内需经济也很好，这也是可以进行这种投资的原因之一。相反，住宅市场却因长期不景气而备受折磨。江南地区和首都圈的房市分别从2006年和2008年开始一直处于下降通道，因此当时"房奴"一词非常流行。

我当时购买房产的原因有两个。首先，我决定将原来用于外汇存款的储蓄兑换成韩元进行投资，即使不是股票也没关系。第二个理由是，通过此前对的房地产市场的了解，我判断2016年初房价进一步下降的可能性很低，因为当时房价已经足够便宜，再加上市场利率也大幅下降，月租或半全租的人贷款买房子更划算。当然，这些都是后话，当时我也度过了彻夜难眠的艰难时光。

我努力安慰自己，即使公寓价格下降，也可以通过储蓄努力填补。但事实是多亏当年购买了西大门的住宅，2019年我终于可以辞职享受"退休生活"了。现在回想起来，我为什么会那么苦恼，是不是因为长时间的下降通道导致的阴影？

此处，我来简单整理一下前面提到的"汇率交换战略"：

（1）把种子资金投资在美元资产上［外汇存款、在韩国上市的美国国债上市指数基金（ETF）等］。

（2）在2015年或2020年金融市场陷入恐慌时将美元资产进行兑换，低价买入最便宜的资产。

（3）资产价格回升时处理掉资产，再重新买入美元资产。

这样的投资战略有两个优点。第一，通过美元资产这一"安全资产"筹集种子资金，将遭受损失的风险降到最低。为了快速积攒种子资金而全额投资股票并放弃储蓄的人不在少数。第二，可以享受"杠杆效应"。像 2015 年或 2020 年那样，汇率暴涨，韩国资产价格暴跌时，拥有美元资产的投资者可以享受汇率上升带来的差额收益，同时还可以从购买暴跌的韩元资产中获利。

50 多岁，使用"社保基金"风格的资产配置战略

　　前面讨论的"汇率交换战略"虽然适合 20 至 30 岁人群，但不适合 40 至 50 岁人群或更高年龄段的人群。最大的问题是，它需要在汇率暴涨时，将美元换成韩元，然后将其"全押"到股票或房地产等资产上。就像 2016 年我有勇气购买住宅的理由是对持续的收入充满自信一样，现金收入持续流入时，"汇率交换战略"是不错的选择。但是，当子女教育等支出增加、劳动收入减少时，"汇率交换战略"会成为很大的负担。

　　以我为例，2019 年离开证券公司后，我使用了以下"社保基金"风格的资产配置战略。

　　（1）闲置资产，特别是退休资金，以 5∶5 的比例分散投资韩国股票和海外债券（主要是美国国债上市指数基金）。

　　（2）2020 年 3 月，受股价暴跌及汇率暴涨的影响，将韩国股票和海外债券的比重改变为 3∶7。

　　（3）通过抛售汇兑收益和债券价格上涨所取得的差额来买入韩国股票，将比例重新调整为 5∶5。

（4）2020 年底，韩国股票价格翻了一番，将韩国和海外债券比重调整为 7∶3。

（5）抛售 2 成韩国股票，买入美国国债，比重调整为 5∶5（整体投资规模变为初始的 1.5 倍）。

这里的"社保基金"风格不是指一定要像社保基金那样进行投资，而是适当分配国内外资产，并适时"再平衡"的意思，以这种方式持续调整目标资产比重。从我的事例中也可以看出，再平衡不仅可以改善收益率，还可以降低所有资产价值同时减少的风险。

也就是说，通过持有与股票呈相反方向变化的资产（美元国债），在 2020 年 3 月这样的股价暴跌的局面下，损失也会得到控制，而且在再平衡的过程中，可以抛售价格大幅上涨的资产，购买价格下降的资产，持续实行"低价买入"战略。

正如前面提到的，在 2020 年 3 月股价暴跌局面下买入股票时，最关注的信息是关于"大股东回购"的消息，股价暴跌时，大股东直接买入股份或赠予子女是非常积极的信号。因为从最了解企业情况的内部人士立场来看，这可以看作是向国内外宣传"自家公司股价便宜"的举动。

我在再平衡过程中购买了股票，但也不一定只购买股票，因为有多种上市指数基金可供选择，所以投资符合自己偏好的商品也是很好的方法。我喜欢投资在韩国上市的美国国债期货（例如

10 年期美国国债期货）。因为它名字中有"期货"，听起来危险度很高，实际上是危险度非常低的商品，可以很好地追踪美国国债价格变动，大家可以关注一下。

⚏ 金钱趣谈

金融市场陷入恐慌时，可用
"再平衡"策略应对

2020 年 3 月和 2008 年 9 月股票市场崩溃时，我们很难买入被低估的资产。此时非常有必要用再平衡策略作出调整。比如，我们可以考虑对韩国股市和美国债券进行五五开的分散投资。此时，如果您已经投资了 1 000 万韩元的美国债券和韩国股票，那么选择"买入和持有"策略即可。但是，如果黄金市场的变化导致 5 比 5 权重的重大变化，应把美国债券和韩国股票的持有朝相反方向重新加权。这就是"再平衡"。

我们来看看 2020 年发生了什么，同时进一步解释再平衡过程。假设今年年初，您投资了 1 000 万韩元的韩国股票和 500 万韩元的美国债券。然而，到了 3 月份，股价暴跌 50%，汇率（及债券价格）上升了 30%。

那么投资本金就会减少到 900 万韩元。如果此前您将全部资金投入到股票上，投资本金就会减少到 500 万韩元，但得益于资产分配，下降到了 100 万韩元。但是我们不能在这里停下来，需要继续进行再调整。

🪙 图 8-1　2020 年 3 月股票价格暴跌期间的资产分配

　　按照原来的资产分配比重，美国国债和韩国股票的比重应该调整为 5∶5。为此，我们以 200 万韩元的价格出售美国国债，然后再次购买韩国股票（如图 8-2）。得益于再平衡策略，在 2020 年 3 月的股价暴跌过程中，不仅损失仅为–10%，而且重新平衡后取得了巨大成果，最终以 +8% 的年收益率收盘。

　　从这个例子中可以看出，资金规模并不重要，重要的是拥有自己的投资原则，如果投资了价格变化方向不同的资产，最好每年进行一次调整。当然，实行这样的战略是非常困难的。因此，我认为投资者需要不断学习金钱的历史、投资存在的风险、盛衰循环（经济繁荣与萧条的周期，即经济循环）、对待股票投资的态度以及汇率等。

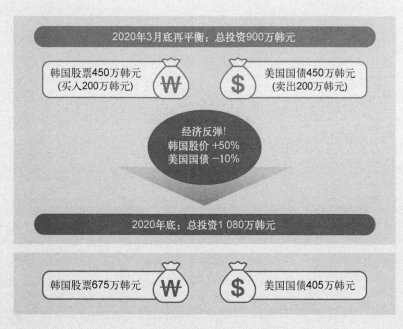

 图 8-2　自 2020 年 3 月再平衡以来的资产分配

⊛ 金钱趣谈

期待开发一个智能的"资产分配基金"

为了让大儿子分家，现在我已出售西大门的房产，搬到了单位（世宗网络大学）附近。因为家人认为，与其把大额钱财放在家里，不如拿出来做投资，另外，也考虑到徒步到单位有利于健康。随着二儿子的成长，也许几年后这套房子也会在适当的时候被处理，然后我们再搬到公园附近安静的地方。

以前工作的时候，我认为"职住相近"（职场和居住地很近）是很好的选择，但是随着年龄的增长，需要与人见面的事情逐渐减少，我现在更喜欢在方便散步、安静的地方生活。当然，我从核心地区移居到外围区域时赚取了差价，并且拿来做资产分配后取得了稳定的成果，这是该方案可行的原因。

我有一个愿望，那就是"自动进行资产分配的基金"迅速上市。这类基金可适当分散投资国内外股票和债券，如果比重出现混乱，希望逐渐有再平衡能力的基金上市，到时候我们就不用一一交易订单了。因为我也是普通人，像 2020 年 3 月股价暴跌时，在再平衡上存在很多心理上的障碍。抛售部分暴涨的美国债券，购买暴跌的韩国股票时，我曾不止一次地反问自己"这真的是好选择吗？"

　　资产分配基金的灵活性并不只是对像我这样的 50 多岁或年纪更大的年龄段的人友好。这种类型的基金规模越大，股市的自动稳定化功能就会越成熟。例如，如果股票价格下降，就通过买入股票来应对。相反，如果股票价格暴涨，股票抛售就会增加，市场的波动也会随之减少。当然，在这种情况下，有能力的投资者可以买卖个股，具有调研能力的运营公司可以利用自己的知识运作激进的基金。

　　希望广大读者可以通过阅读本书，减少投资过程中的错误，并早日积累财富。